W0250412

SUJETS TYPES INÉDITS AGENT DE CONSTATATION PRINCIPAL DES DOUANES DE 2e CLASSE

NOUVELLE ÉDITION, REVUE ET CORRIGÉE

Marc DALENS

SOMMAIRE

PRÉFACE

La carrière de douanier est l'une des plus stimulantes qui puisse être : au service de la collectivité, vous pourrez exercer des métiers très variés. Un même agent des douanes peut successivement travailler dans l'investigation, le renseignement, le contrôle ou même en tant que motard. Rares sont les professions qui permettent un aussi large choix.

Pour autant, le concours d'agent de constatation des douanes est exigeant et sélectif. Il importe de bien vous renseigner et de bien vous y préparer. C'est l'objet de ce manuel. Vous y trouverez des sujets inédits d'annales corrigées du concours afin de vous former dans les meilleures conditions. Ce manuel est à jour de la dernière réforme du concours d'agent de constatation des douanes, et les concours externe et interne sont également abordés.

Ce manuel comporte les sujets inédits d'annales de toutes les épreuves écrites : QCM de pré-admissibilité et cas pratique.

Nous attirons votre attention sur le fait que ce manuel comprend exclusivement des conseils méthodologiques et des sujets inédits d'annales corrigées des épreuves écrites d'agent des douanes. Sa lecture devra être complétée par celle du manuel tout-en-un *Agent principal de constatation des douanes de 2e classe* (paru aux Éditions Studyrama), offrant une préparation complète au concours, notamment pour approfondir votre culture générale, mieux connaître votre futur environnement professionnel et vous préparer à l'oral avec le jury. Vous pourrez également poursuivre votre entraînement avec le manuel *Annales corrigées agent principal de constatation des douanes de 2e classe* (paru aux Éditions Studyrama également).

Nous terminerons par quelques recommandations aux candidats :
- soyez régulier dans votre travail et fixez-vous des objectifs de préparation compatibles avec vos obligations ;
- entraînez-vous à toutes les épreuves, sans en négliger une seule ;
- tenez-vous informé régulièrement de l'actualité.

Bon courage dans votre travail et bonne chance à tous !

QCM DE PRÉ-ADMISSIBILITÉ

PARTIE I

(Durée : 1 h 30 ; coefficient : 1)

1| PRÉPARATION À L'ÉPREUVE

PRÉSENTATION DE L'ÉPREUVE DE QCM DE PRÉ-ADMISSIBILITÉ

Épreuve de pré-admissibilité, le questionnaire à choix multiples est destiné à vérifier les connaissances de base en matière d'orthographe, de vocabulaire et de grammaire, de mathématiques et de culture générale, ainsi que les capacités du candidat à suivre un raisonnement logique. Cette épreuve dure 1 h 30 et est affectée d'un coefficient 1. L'usage de la calculatrice n'est pas autorisé et toute note inférieure à 5 sur 20 est éliminatoire.

Cette épreuve se compose d'une **série de 60 questions** : 15 questions de français, 20 questions de connaissances générales, 15 questions de mathématiques et 10 questions de logique.

Les questions de français

Le programme des questions de français se réfère à celui de la fin du 1er cycle du secondaire (la classe de troisième) ou du programme de l'enseignement professionnel de niveau V (CAP et BEP).

Pour enrichir votre vocabulaire, le meilleur conseil à vous donner est de lire régulièrement et de rechercher systématiquement dans le dictionnaire le sens des mots que vous ne connaissez pas. Pour vos lectures, privilégiez les auteurs classiques (Flaubert, Stendhal, Balzac, Hugo...) ou les auteurs contemporains dont la qualité de style est indéniable (Déon, Morand, Blondin, Nimier...). Vous pouvez également tenir un carnet dans lequel vous inscrirez, au jour le jour, les mots nouveaux que vous apprendrez.

Afin de vous évaluer en orthographe, nous vous suggérons de vous faire dicter un texte d'une trentaine de lignes extrait, par exemple, d'un livre ou d'un article de journal. Ensuite, vous comparerez votre copie avec le texte original. Si votre copie comporte plus de dix fautes, il est essentiel pour vous de faire des progrès en orthographe. Outre les dictées régulières, vous pouvez aussi vous exercer grâce à un manuel scolaire reprenant à la fois des dictées et des règles de grammaire et d'orthographe. Lorsque vous constatez que vous faites une faute d'orthographe ou de grammaire, apprenez systématiquement la règle correspondante. Idéalement, notez sur un carnet les principales règles pour lesquelles vous faites des fautes.

Enfin, n'oubliez pas que lire régulièrement permet de « photographier » l'orthographe des mots.

Notions de français à maîtriser

Le vocabulaire : le candidat sera évalué sur ses connaissances en vocabulaire. Il pourra lui être demandé, par exemple, des synonymes ou des antonymes (mots de sens contraire) ou des définitions à partir d'un texte.

L'orthographe : les exercices visent à mesurer la maîtrise des règles fondamentales des accords et de l'orthographe lexicale. Ils peuvent prendre la forme de petits textes comportant des erreurs dont l'orthographe doit être rétablie.

La grammaire : en l'absence de programme réglementaire, on peut s'arrêter aux bases de la grammaire enseignée au collège. Les questions de grammaire viseront à favoriser le raisonnement et la mise en pratique des règles de grammaire. Les compétences qui devront être maîtrisées par les candidats sont les suivantes :

- savoir utiliser la conjugaison et la concordance des temps en se situant dans le présent, le passé et le futur ;
- savoir passer de la voix active à la voix passive et vice-versa ;
- savoir maîtriser les types de phrases (interrogative, impérative, déclarative) et les formes de phrase (affirmative et négative) ;
- savoir maîtriser le passage d'un discours direct à un discours indirect (changement de personnes, de temps, d'expressions spatio-temporelles) ;
- savoir identifier et utiliser les liens logiques dans une phrase ou un paragraphe (cause, conséquence, but, condition, opposition).

Quelques exemples de questions possibles :

- « Dans cette proposition soulignée (parce qu'il est arrivé en retard), identifiez le lien logique » ;
- « Transformez la phrase complexe soulignée en une phrase simple » ;
- « Complétez la phrase avec le mot de liaison qui convient ».

Les questions de connaissances générales

Il n'existe pas de programme pour définir le contenu des questions de connaissances générales. Ces questions peuvent concerner notamment les institutions françaises, l'histoire et la géographie. Il est donc illusoire de vouloir maîtriser entièrement le domaine de ces questions.

Pour autant, outre l'apprentissage des fiches de culture générale figurant dans ce manuel, vous veillerez à suivre les conseils suivants :

- prenez l'habitude de lire tous les jours un journal d'information et toutes les semaines un magazine d'actualité. Variez les titres afin de connaître les différents points de vue et sensibilités éditoriales de la presse française ;
- enfin, dans une matière particulière et importante du concours (par exemple, l'histoire ou les institutions publiques), prenez un manuel simple de vulgarisation et étudiez-le avec attention.

Le manuel *Agent principal de constatation des douanes de 2e classe* (Éditions Studyrama) comporte de nombreuses fiches de culture générale qui vous seront utiles à la fois pour l'épreuve de QCM de pré-admissibilité et pour l'entretien avec le jury.

Les questions de mathématiques

Arithmétique

- Notions sommaires sur les systèmes de numération : système décimal, système binaire.
- Les quatre opérations : addition, soustraction, multiplication, division.
- Règles de divisibilité. Nombres premiers. Multiples et diviseurs. Puissances. Égalités. Inégalités.
- Fraction. Valeur décimale d'une fraction. Opérations sur les fractions.
- Règle de trois.
- Rapports et proportions.
- Mesures :

- mesures de longueur, poids, capacité, surface, volume ;
- mesures du temps ;
- mesures des angles et des arcs. Longueur de la circonférence. Latitude et longitude.

- Surfaces : carré, rectangle, parallélogramme, triangle, trapèze, cercle.
- Volumes : parallélépipède rectangle, cube, cylindre.
- Densité : poids volumique.
- Prix : prix d'achat, de vente, de revient, bénéfice et perte.
- Moyennes et mélanges.
- Partages égaux et partages inégaux ; partages proportionnels.
- Pourcentages, indices, taux, intérêts simples, escompte.
- Échelle d'une carte, d'un plan.

Algèbre

- Nombres relatifs (positifs, négatifs, nuls).
- Opérations sur les nombres relatifs.
- Comparaison des nombres relatifs : inégalités.
- Expressions algébriques. Monômes et polynômes. Calcul algébrique.
- Repérage d'un point dans un plan par des coordonnées rectangulaires.

Les questions de logique

Il existe de très nombreux types de questions de logique : séries de dominos ou de cartes à jouer, suites de nombres, anagrammes, questions de raisonnement, schémas à compléter, erreurs à trouver en comparant deux dessins paraissant identiques... Ces tests ont pour rôle d'évaluer la capacité de raisonnement et de logique des candidats. La difficulté est que ceux-ci doivent utiliser en un temps limité plusieurs modes de raisonnement.

L'épreuve comprendra un grand nombre de questions aux formes variées (suites logiques, questions de raisonnement logique, dominos, figures géométriques...) à traiter en un temps limité. En pratique, chaque candidat disposera en moyenne de 10 à 30 secondes par question. C'est pourquoi il est souhaitable de ne pas s'attarder sur une question si la réponse ne vient pas rapidement.

Les questions de logique spatiale (basées sur des dominos, des cartes à jouer, des figures de géométrie, des carrés à remplir...) impliquent une bonne intelligence logique. Pour résoudre ces tests, il faut se montrer attentif et observateur.

Si vous souhaitez approfondir votre entraînement à cette épreuve de sélection, nous vous conseillons de vous reporter au manuel *Tests d'aptitudes, psychotechniques et de personnalité* (paru aux Éditions Studyrama).

S'entraîner aux tests de logique

Comme vous allez le voir lors de la présentation de ces différents types de tests, certains tests reprennent la logique de jeux comme le Scrabble, le Boggle, le Mastermind, des chiffres et des lettres, le jeu du pendu (lettres manquantes), les mots croisés ou les mots fléchés, le sudoku... De même, sur Internet ou dans des magazines, vous trouverez de nombreux jeux qui vous permettront de vous préparer à certains tests. En faisant de votre entraînement un jeu, vous éviterez de tomber trop facilement dans la lassitude ou le découragement. Attention cependant à tenir compte des impératifs inhérents au concours : fixez-vous toujours une limite de temps à ne pas dépasser.

Pour apprendre à maîtriser le temps, nous vous conseillons de vous entraîner à l'aide d'un chronomètre et dans les conditions du concours. Pour cela, vous pourrez vous isoler dans une pièce neutre, en travaillant sur un bureau calme et vide, le téléphone portable éteint et sans distraction autour de vous. De même, idéalement, travaillez sur une feuille blanche en photocopiant les pages de ce livre pour former des sujets distincts (1 exercice d'entraînement = 1 sujet distinct). En vous chronométrant, pour un même type d'exercice (avec un nombre égal de questions auxquelles répondre), vous pourrez mesurer vos progrès. Cela constituera pour vous un encouragement et un facteur supplémentaire de motivation.

■ Les principales logiques des tests

Dans le tableau, nous vous indiquons les principales logiques de ce genre de tests. Nous vous recommandons d'abord de regarder la colonne de gauche, d'essayer de résoudre le test, et ensuite de regarder la solution. Cette liste n'est pas exhaustive, car les possibilités sont réellement très nombreuses. Néanmoins, elle constitue une bonne indication des logiques propres à ce genre de tests.

Exercice	Solution
1 - 5 - ? - 13 - 17	Ici, la solution est 9 car les nombres progressent de 4 en 4.
1 - 2 - 2 - 4 - 8 - ?	Chaque nombre est le résultat de la multiplication des deux nombres précédents. Ici, la solution est donc : 32 (4 × 8).
11 - 12 - 14 - 17 - 21 - ?	La progression est : + 1 + 2 + 3 + 4 + 5... La solution est donc 26 (21 + 5).
16 - 19 - 13 - 16 - 10 - ?	La progression est + 3 puis - 6. La solution est donc 13.
M - O - R - T - W - ?	On avance en sautant de 1 lettre puis de 2 lettres, en suivant l'alphabet. La réponse est donc Y.
CHIEN 5 - RIZ 3 - IF ? - PULL 4	On compte le nombre de lettres de chaque mot. La réponse est donc 2.
SOLOS - SONOS - GAG - RESSA ? ? ? ?	Il s'agit de palindromes (mots se lisant dans les deux sens). La réponse est donc RESSASSER.
342651 - TREFLE - 426513 - ?	À chaque lettre correspond un numéro. Ici, la réponse est donc REFLET.

Les suites logiques

Les suites logiques se composent de plusieurs séries d'éléments identiques (lettres ou chiffres le plus souvent) qui s'enchaînent dans une même suite et dont il convient de trouver le dernier élément. Les suites à compléter (nombres, lettres...) impliquent de trouver leur logique interne : l'addition, la soustraction, la multiplication, la symétrie...

Exemple : dans la suite « 1 - 2 - 3 - 5 - 8 - 13 - ? », on s'aperçoit que chaque nombre est le résultat de l'addition des deux nombres précédents. Ici, la bonne réponse sera 21 (8 + 13).

Ce type de test fait appel à la logique et à l'observation, en un temps limité. Il s'agira de comprendre la logique propre à chaque suite : observez la suite, repérez ce qui permet de passer d'un élément (lettre, chiffre...) à un autre et reproduisez cette logique pour trouver l'élément manquant.

Les matrices

Sous le terme « matrices », nous avons regroupé les tests d'analyse visuelle à propos de schémas, de symboles, de dessins... Ces tests d'attention visuelle sont basés plus spécialement sur le sens de l'observation. Il s'agira de trouver des ressemblances ou des différences entre deux photographies, deux dessins, des symboles...

Outre les explications qui vous seront données dans chaque réponse et qui vous familiariseront avec la logique de ce type particulier de test, nous vous invitons à décomposer en zones ou en parties les différentes figures afin de mieux les observer.

Les dominos et cartes à jouer

Pour les tests avec des dominos, les principales logiques sont donc :
- la logique croissante ou décroissante ;
- les additions ou les soustractions de la valeur des dominos ;
- les symétries de valeurs.

Les tests avec des cartes à jouer sont plus complexes dans la mesure où les cartes ont des symboles (cœur, pique, carreau et trèfle) et des couleurs (rouge et noir). On retrouve néanmoins les mêmes principes logiques que pour les dominos :
- la logique croissante ou décroissante ;
- les additions ou la soustraction des valeurs des cartes ;
- les symétries (de valeurs ou de couleurs).

Pour observer des suites de dominos ou de cartes à jouer, vous pouvez respecter l'ordre suivant : la ligne, la colonne, la paire, puis le groupe, en essayant à chaque fois d'en comprendre la logique interne.

Dans la plupart des tests avec des cartes à jouer, la valeur de la carte, son symbole (pique, trèfle, cœur et carreau) et sa couleur (rouge et noir) sont indépendants les uns des autres. Il faudra procéder avec des raisonnements distincts pour chacun de ces trois éléments. Il est souhaitable de débuter le raisonnement avec la valeur, puis le symbole et enfin la couleur.

À l'instar des dominos, la disposition spatiale des cartes à jouer (étoile, spirale, matrice...) sera utile à la résolution du test. En effet, les logiques de combinaison et de synergie répondent souvent à une disposition spatiale spécifique des cartes ou des dominos.

CONSIGNES POUR LE JOUR DU CONCOURS

- Ne raturez pas les cases.
- L'usage de liquide correctif est interdit.
- Ne faites apparaître aucun signe dans votre copie.
- Utilisez exclusivement l'encre noire ou bleue, sans en changer au cours de l'épreuve.
- Si vous ne connaissez pas la réponse à une question, ne perdez pas de temps : passez à la suivante et revenez ensuite sur cette question.
- Enfin, vous pouvez choisir de ne pas répondre si vous ne savez pas (l'absence de réponse est moins pénalisée qu'une mauvaise réponse).

2| ENTRAÎNEMENT

■ SUJET INÉDIT N° 1 DE L'ÉPREUVE DE QCM DE PRÉ-ADMISSIBILITÉ

Durée : 1 h 30.
Coefficient 1.
L'usage de la calculatrice est interdit.

Les étoiles (✪) indiquent les questions qui relèvent d'un niveau de difficulté supérieur.

Orthographe, vocabulaire et grammaire

1. Qu'est-ce qu'une avanie ?

a) Un dégât
b) Un préjudice
c) Un affront
d) Un malheur

2. Quelle est la bonne orthographe ?

a) Les policiers, identifiants le prévenu, le conduisent au parquet.
b) Les policiers, identifiant le prévenu, le conduisent au parquet.
c) Les policiers, identifians le prévenu, le conduisent au parquet.
d) Les policiers, identifiantes le prévenu, le conduisent au parquet.

3. Quelle est la phrase correctement orthographiée ?

a) Il l'a échappée belle.
b) Il l'a échappé belle.
c) Il l'a échapé belle.
d) Il la échappé belle.

4. Quel est le synonyme de « insinuer » ?

a) Suggérer
b) Crayonner
c) Détourner
d) Penser

5. Quelle est la bonne orthographe ?

a) Homophobie
b) Hommophobie
c) Omophobie
d) Omofobie

6. Qu'est-ce qu'un bateau amphibie ?

a) Un bateau qui peut naviguer sous l'eau
b) Un bateau qui peut rouler sur terre
c) Un bateau qui peut voler
d) Un bateau qui coule

7. Quelle est la bonne proposition ?

a) Je vous saurais gré de
b) Je vous serais gré de
c) Je vous serai gré de
d) Je vous serai grais de

8. Dans la phrase : « Des constatations, il appert que la victime était consentante », la forme du verbe « Il appert » à l'infinitif est :

a) Apercevoir
b) Apparoir
c) Apparaître
d) Apprendre

9. Lequel de ces mots est mal orthographié ?

a) Un mariole
b) Un bémole
c) Un pactole
d) Une vérole

10. Quel mot prend un « x » au pluriel ?

a) Pneu
b) Essieu
c) Landau
d) Mandant

11. Qu'est-ce qu'un récipiendaire ? ✪

a) Un bénéficiaire

b) Un escroc

c) Un bocal

d) Un ustensile de cuisine

12. Lequel de ces trois mots n'est pas une préposition ?

a) Vers

b) Entre

c) Parfois

d) Depuis

13. Quelle est l'orthographe correcte ?

a) Tryptique

b) Triptyque

c) Trythique

d) Tripthyque

14. Lequel de ces trois mots est un adverbe ?

a) Facilement

b) Virement

c) Impertinent

d) Établissement

15. Quel est le synonyme de « surin » ?

a) Complice

b) Couteau

c) Oiseau

d) Serrure

Connaissances générales

1. Le président de la République française élu le 7 mai 2017 est le :

a) Sixième de la Ve République

b) Septième de la Ve République

c) Huitième de la Ve République

d) Neuvième de la Ve République

2. Depuis quand la loi interdit-elle le port de signes ou de tenues manifestant une appartenance religieuse dans les établissements d'enseignement secondaire ?

a) 1989

b) 2004

c) 2014

d) 2018

3. La maladie de Lyme est transmise par :

a) Les puces

b) Les rats

c) Les tiques

d) Les chats

4. La ville de Mossoul est située en :

a) Afghanistan

b) Iran

c) Irak

d) Syrie

5. Des années 1930 aux années 1970, l'expression « French Connection » désigne :

a) Une période de forte immigration des Français vers les États-Unis

b) Des organisations mafieuses exportant de l'héroïne aux États-Unis *via* la France

c) Une association chargée de promouvoir les relations culturelles franco-américaines

d) Une période de forte croissance économique

6. Quelle institution française reçoit les parrainages des candidats à l'élection présidentielle ?

a) Le Conseil constitutionnel
b) La présidence de la République
c) Le gouvernement de la République française
d) Le Conseil d'État

7. D'après la Constitution du 4 octobre 1958, qui « détermine et conduit la politique de la nation » ?

a) Le président de la République
b) Le gouvernement
c) Le Parlement
d) La fonction publique d'État

8. Le mot « Tsahal » désigne :

a) Une essence d'arbre
b) L'armée israélienne
c) Une région irakienne
d) Une région d'Israël

9. Julian Assange est le fondateur de :

a) Google
b) Wikipedia
c) Wikileaks
d) Facebook

10. L'hymne européen reprend une œuvre musicale composée par :

a) Beethoven
b) Mozart
c) Wagner
d) Bach

11. L'espace Schengen concerne la libre circulation :

a) Des biens
b) Des personnes
c) Des services et des capitaux
d) Des migrants

12. Le programme civil européen d'observation de la Terre se nomme :

a) Erasmus

b) Ariane

c) Copernicus

d) Galileo

13. Qu'appelle-t-on l'opération « Sentinelle » ?

a) La surveillance des palais de la République à Paris et des préfectures en province

b) La défense et la protection de la population française

c) La surveillance du trafic maritime au large des côtes françaises

d) La surveillance électronique des citoyens

14. Quelle est la capitale de la Confédération helvétique ?

a) Zurich

b) Berne

c) Genève

d) Lausanne

15. Identifiez la mauvaise réponse : Le principe de laïcité en France :

a) Oblige toute personne à avoir une religion

b) Garantit la liberté religieuse à tous les citoyens

c) Permet aux citoyens de n'exercer aucune religion

d) S'impose aux autorités publiques

16. Lors d'un scrutin, quand on glisse un bulletin de vote annoté dans une enveloppe, il s'agit :

a) D'un vote blanc

b) D'un vote nul

c) D'un suffrage exprimé

d) D'une motion de censure

17. Le Medef est une organisation :

a) Ouvrière

b) Patronale

c) Sportive

d) Culturelle

18. Le quechua est :

a) Une langue parlée au Pérou
b) Une région péruvienne
c) Une fibre végétale imperméabilisante
d) Un plat traditionnel amérindien

19. Le Gotha est :

a) Une province de Palestine
b) Une colline de Jérusalem
c) Un annuaire de famille princière
d) Un championnat de lutte

20. Parmi ces départements, régions et collectivités d'outre-mer, quel(le) est celui (ou celle) qui n'est pas caractérisé(e) par l'insularité ?

a) La Guadeloupe
b) Saint-Martin
c) La Guyane
d) La Réunion

Calcul

1. Si on double le rayon d'une boule, par combien a-t-on multiplié son volume ?

a) 2
b) 4
c) 6
d) 8

2. Un employé a oublié les trois derniers chiffres du numéro de code du coffre qui en comporte 8. Le début de ce numéro de code est 56789. Il se souvient en revanche que le nombre formé par les trois derniers numéros du code est divisible par 25. Combien de combinaisons possibles existe-t-il pour ce numéro de code ? ✪

a) 25
b) 40
c) 100
d) Une infinité

3. Parmi les quatre propositions suivantes, laquelle est inexacte ?

a) Un angle d'un triangle équilatéral peut être égal à 90°.

b) Un triangle équilatéral possède au moins deux angles de 60° chacun.

c) Un triangle équilatéral possède trois sommets.

d) Les médianes d'un triangle équilatéral sont de longueur égale.

4. Le triangle ABC est isocèle et A est son sommet. I est le milieu de la base. Une seule des affirmations suivantes est fausse. Laquelle ?

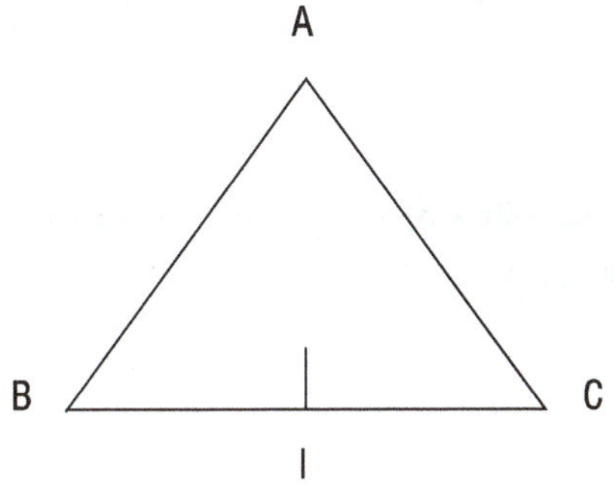

a) AI est médiane du triangle

b) AI est perpendiculaire à BC

c) Le triangle a une seule hauteur

d) AIB est un triangle rectangle

5. Soit deux nombres $A = 3 \times 20 \times 35$ et $B = 5 \times 28 \times 49$. Parmi les affirmations suivantes, laquelle se vérifie ?

a) 3 est diviseur commun à A et B

b) 28 est diviseur commun à A et B

c) 32 est diviseur commun à A et B

d) 49 est diviseur commun à A et B

6. Afin de débuter ses travaux, un entrepreneur sollicite de son client un acompte de 2 688 euros, soit 4 % du montant total des travaux. Sachant que le client pourra déduire 25 % du montant global des travaux de son revenu imposable, calculer le montant de la facture globale des travaux qui sera établie par l'entrepreneur.

a) 10 752 euros

b) 41 880 euros

c) 52 040 euros

d) 67 200 euros

7. Une publicité dit : « - 20 % sur tous les articles ». Le prix réduit d'un article coûtant 85 euros est :

a) 75 euros
b) 19 euros
c) 68 euros
d) 93 euros

8. Un avion qui parcourt à vitesse constante 900 km en 1 h 30 vole à :

a) 600 km/h
b) 450 km/h
c) 700 km/h
d) 750 km/h

9. Une somme de 1 350 euros est constituée de billets de 10 et de 20 euros. Le nombre total de billets est de 118. Combien y a-t-il de billets de 10 euros et 20 euros ?

a) 103 et 18
b) 101 et 17
c) 98 et 30
d) 95 et 33

10. Régine a passé cinq épreuves et a obtenu une moyenne de 12. Elle connaît ses quatre premières notes : 13, 8, 10 et 15. Quelle est sa cinquième note ?

a) 8
b) 10
c) 14
d) 15

11. Un boulanger vend 50 de ses croissants à 0,50 euro pièce, puis le reste à 0,30 euro pièce. Il réalise une recette juste pour les croissants de 70 euros. Combien a-t-il fabriqué de croissants ?

a) 70
b) 180
c) 150
d) 200

12. Que vaut le tiers du double du quart de 24 ?

a) 2
b) 4
c) 6
d) 8

13. Un escargot se dirige vers une salade à la vitesse de 0,008 km/h. Combien de temps mettra-t-il pour atteindre la salade située à 1,60 mètre ?

a) 11 min et 30 s
b) 10 min et 58 s
c) 12 min
d) 12 min et 5 s

14. Quel nombre entier est le plus grand diviseur commun de : 72, 84 et 96 ?

a) 6
b) 8
c) 12
d) 18

15. Si la masse musculaire d'un sportif augmente de 75 %, par combien sa masse musculaire initiale a-t-elle été multipliée ?

a) 1,75
b) 0,5
c) 1,25
d) 0,75

Raisonnement

1. Quelle lettre remplace le point d'interrogation ?

108 C	648 S
325 T	214 ?

a) A
b) D
c) X
d) Z

2. Dans son tiroir, Jean-François range « en vrac » 24 chaussettes rouges et 24 chaussettes bleues. Combien doit-il en sortir, au maximum, pour être sûr d'avoir une paire de même couleur ?

a) 2
b) 25
c) 13
d) 3

3. Parmi les propositions suivantes, laquelle complète la série et remplace le point interrogation : Pau - Nice - Paris - ?

a) Bordeaux
b) Marseille
c) Lille
d) Rennes

4. Parmi les propositions suivantes, laquelle complète la suite logique et remplace le point d'interrogation : 41 - 62 - 83 - 104 - 125 - ?

a) 146
b) 147
c) 134
d) 166

5. Quel est l'intrus dans la série suivante : 58CT - 74SE - 32TX - 25VQ - 91QG - 63SS ?

a) 58CT
b) 91QG
c) 74SE
d) 63SS

6. Quel est le chiffre qui remplace le « ? » dans cette suite logique : AIC2F3J5P?X1Z ? ✪

a) 7
b) 6
c) 5
d) 4

7. Quel mot se cache derrière les points d'interrogation ? ✪
A C T E : une lettre bien placée et une mal placée
R A L E : trois lettres mal placées
A M I S : deux lettres bien placées
? ? ? ?

a) LARD
b) ELSA
c) AMER
d) RAMI

8. Quel nom de pays complète la liste suivante : Allemagne – Italie – Belgique – Croatie – ?

a) Maroc
b) France
c) Luxembourg
d) Norvège

9. Compléter la liste suivante : chanter – retenir – tranche – ?

a) Chapelure
b) Lâcher
c) Ténor
d) Terrien

10. Si Nathalie préfère les pommes, Joël préfère les litchis et Alexandra préfère les cerises, quel est le fruit préféré de Daniel ?

a) Abricot
b) Orange
c) Framboise
d) Goyave

CORRIGÉ DU SUJET INÉDIT N° 1 DE L'ÉPREUVE DE QCM DE PRÉ-ADMISSIBILITÉ

Orthographe, vocabulaire et grammaire

1. Qu'est-ce qu'une avanie ?

a) Un dégât

b) Un préjudice

c) Un affront

d) Un malheur

2. Quelle est la bonne orthographe ?

a) Les policiers, identifiants le prévenu, le conduisent au parquet.

b) Les policiers, identifiant le prévenu, le conduisent au parquet.

c) Les policiers, identifians le prévenu, le conduisent au parquet.

d) Les policiers, identifiantes le prévenu, le conduisent au parquet.

3. Quelle est la phrase correctement orthographiée ?

a) Il l'a échappée belle.

b) Il l'a échappé belle.

c) Il l'a échapé belle.

d) Il la échappé belle.

4. Quel est le synonyme de « insinuer » ?

a) Suggérer

b) Crayonner

c) Détourner

d) Penser

5. Quelle est la bonne orthographe ?

a) Homophobie

b) Hommophobie

c) Omophobie

d) Omofobie

6. Qu'est-ce qu'un bateau amphibie ?

a) Un bateau qui peut naviguer sous l'eau

b) Un bateau qui peut rouler sur terre

c) Un bateau qui peut voler

d) Un bateau qui coule

7. Quelle est la bonne proposition ?

a) Je vous saurais gré de

b) Je vous serais gré de

c) Je vous serai gré de

d) Je vous serai grais de

8. Dans la phrase : « Des constatations, il appert que la victime était consentante », la forme du verbe « il appert » à l'infinitif est :

a) Apercevoir

b) Apparoir

c) Apparaître

d) Apprendre

9. Lequel de ces mots est mal orthographié ?

a) Un mariole

b) Un bémole

c) Un pactole

d) Une vérole

10. Quel mot prend un « x » au pluriel ?

a) Pneu

b) Essieu

c) Landau

d) Mandant

11. Qu'est-ce qu'un récipiendaire ? ✪

a) Un bénéficiaire

b) Un escroc

c) Un bocal

d) Un ustensile de cuisine

12. Lequel de ces trois mots n'est pas une préposition ?

a) Vers
b) Entre
c) Parfois
d) Depuis

13. Quelle est l'orthographe correcte ?

a) Tryptique
b) Triptyque
c) Trythique
d) Tripthyque

14. Lequel de ces trois mots est un adverbe ?

a) Facilement
b) Virement
c) Impertinent
d) Établissement

15. Quel est le synonyme de « surin » ?

a) Complice
b) Couteau
c) Oiseau
d) Serrure

Connaissances générales

1. Le président de la République française élu le 7 mai 2017 est le :

a) Sixième de la Ve République
b) Septième de la Ve République
c) Huitième de la Ve République
d) Neuvième de la Ve République

2. Depuis quand la loi interdit-elle le port de signes ou de tenues manifestant une appartenance religieuse dans les établissements d'enseignement secondaire ?

a) 1989
b) 2004
c) 2014
d) 2018

3. La maladie de Lyme est transmise par :

a) Les puces
b) Les rats
c) Les tiques
d) Les chats

4. La ville de Mossoul est située en :

a) Afghanistan
b) Iran
c) Irak
d) Syrie

5. Des années 1930 aux années 1970, l'expression « French Connection » désigne :

a) Une période de forte immigration des Français vers les États-Unis
b) Des organisations mafieuses exportant de l'héroïne aux États-Unis *via* la France
c) Une association chargée de promouvoir les relations culturelles franco-américaines
d) Une période de forte croissance économique

6. Quelle institution française reçoit les parrainages des candidats à l'élection présidentielle ?

a) Le Conseil constitutionnel
b) La présidence de la République
c) Le gouvernement de la République française
d) Le Conseil d'État

7. D'après la Constitution du 4 octobre 1958, qui « détermine et conduit la politique de la nation » ?

a) Le président de la République
b) Le gouvernement
c) Le Parlement
d) La fonction publique d'État

8. Le mot « Tsahal » désigne :

a) Une essence d'arbre
b) L'armée israélienne
c) Une région irakienne
d) Une région d'Israël

9. Julian Assange est le fondateur de :

a) Google
b) Wikipedia
c) Wikileaks
d) Facebook

10. L'hymne européen reprend une œuvre musicale composée par :

a) Beethoven
b) Mozart
c) Wagner
d) Bach

11. L'espace Schengen concerne la libre circulation :

a) Des biens
b) Des personnes
c) Des services et des capitaux
d) Des migrants

12. Le programme civil européen d'observation de la Terre se nomme :

a) Erasmus
b) Ariane
c) Copernicus
d) Galileo

13. Qu'appelle-t-on l'opération « Sentinelle » ?

a) La surveillance des palais de la République à Paris et des préfectures en province
b) La défense et la protection de la population française
c) La surveillance du trafic maritime au large des côtes françaises
d) La surveillance électronique des citoyens

14. Quelle est la capitale de la Confédération helvétique ?

a) Zurich
b) Berne
c) Genève
d) Lausanne

15. Identifiez la mauvaise réponse : Le principe de laïcité en France :

a) Oblige toute personne à avoir une religion

b) Garantit la liberté religieuse à tous les citoyens

c) Permet aux citoyens de n'exercer aucune religion

d) S'impose aux autorités publiques

16. Lors d'un scrutin, quand on glisse un bulletin de vote annoté dans une enveloppe, il s'agit :

a) D'un vote blanc

b) D'un vote nul

c) D'un suffrage exprimé

d) D'une motion de censure

17. Le Medef est une organisation :

a) Ouvrière

b) Patronale

c) Sportive

d) Culturelle

18. Le quechua est :

a) Une langue parlée au Pérou

b) Une région péruvienne

c) Une fibre végétale imperméabilisante

d) Un plat traditionnel amérindien

19. Le Gotha est :

a) Une province de Palestine

b) Une colline de Jérusalem

c) Un annuaire de famille princière

d) Un championnat de lutte

20. Parmi ces départements, régions et collectivités d'outre-mer, quel(le) est celui (ou celle) qui n'est pas caractérisé(e) par l'insularité ?

a) La Guadeloupe

b) Saint-Martin

c) La Guyane

d) La Réunion

Calcul

1. Si on double le rayon d'une boule, par combien a-t-on multiplié son volume ?

a) 2

b) 4

c) 6

d) 8

Explication :

Forme de calcul du volume de la sphère : (4/3) × π × R × R × R

Le volume sera donc doublé de : 2 × 2 × 2 = 8

2. Un employé a oublié les trois derniers chiffres du numéro de code du coffre qui en comporte 8. Le début de ce numéro de code est 56789. Il se souvient en revanche que le nombre formé par les trois derniers numéros du code est divisible par 25. Combien de combinaisons possibles existe-t-il pour ce numéro de code ? ✪

a) 25

b) 40

c) 100

d) Une infinité

Explication :

Le code du coffre comporte 8 chiffres.

Le début du code est 56789, soit 5 chiffres. Il en manque donc 3.

Le nombre formé par les trois derniers chiffres du code est divisible par 25. Il peut donc s'agir de 000, 025, 050, 075 et 100.

Il existe ainsi 4 possibilités par centaines et un total de 10 centaines différentes est possible avec les 3 chiffres.

Il y a donc 4 × 10 = 40 possibilités.

3. Parmi les quatre propositions suivantes, laquelle est inexacte ?

a) Un angle d'un triangle équilatéral peut être égal à 90°.

b) Un triangle équilatéral possède au moins deux angles de 60° chacun.

c) Un triangle équilatéral possède trois sommets.

d) Les médianes d'un triangle équilatéral sont de longueur égale.

Explication :
Un triangle équilatéral possède trois côtés égaux. Les trois angles internes sont égaux et mesurent chacun 180°.

4. Le triangle ABC est isocèle et A est son sommet. I est le milieu de la base. Une seule des affirmations suivantes est fausse. Laquelle ?

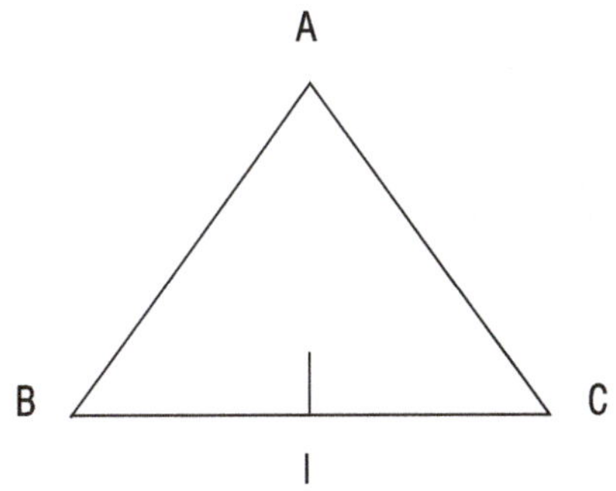

a) AI est médiane du triangle
b) AI est perpendiculaire à BC
c) Le triangle a une seule hauteur
d) AIB est un triangle rectangle

5. Soit deux nombres A = 3 × 20 × 35 et B = 5 × 28 × 49. Parmi les affirmations suivantes, laquelle se vérifie ?
a) 3 est diviseur commun à A et B
b) 28 est diviseur commun à A et B
c) 32 est diviseur commun à A et B
d) 49 est diviseur commun à A et B

Explication :
$A = 3 \times 20 \times 35 = 3 \times 5 \times 2 \times 2 \times 7 \times 5$
$B = 5 \times 28 \times 49 = 5 \times 2 \times 2 \times 7 \times 7$
$28 = 2 \times 2 \times 7$

6. Afin de débuter ses travaux, un entrepreneur sollicite de son client un acompte de 2 688 euros, soit 4 % du montant total des travaux. Sachant que le client pourra déduire 25 % du montant global des travaux de son revenu imposable, calculer le montant de la facture globale des travaux qui sera établie par l'entrepreneur.

a) 10 752 euros
b) 41 880 euros
c) 52 040 euros
d) 67 200 euros

Explication :
Soit x la facture globale des travaux
$4 / 100 = 2\,688 / x$
donc $(2\,688 \times 100) / 4 = x$
$268\,800 / 4 = 67\,200$

7. Une publicité dit : « - 20 % sur tous les articles ». Le prix réduit d'un article coûtant 85 euros est :

a) 75 euros
b) 19 euros
c) 68 euros
d) 93 euros

Explication :
$85 \times 20\ \% = 85 \times 0{,}2 = 17$
$85 - 17 = 68$

8. Un avion qui parcourt à vitesse constante 900 km en 1 h 30 vole à :

a) 600 km/h
b) 450 km/h
c) 700 km/h
d) 750 km/h

Explication :
$900 / 1{,}5 = 600$

9. Une somme de 1 350 euros est constituée de billets de 10 et de 20 euros. Le nombre total de billets est de 118. Combien y a-t-il de billets de 10 euros et 20 euros ?

a) 103 et 18
b) 101 et 17
c) 98 et 30
d) 95 et 33

Explication :
Seule la proposition b) possède un total de billets égal à 118.

10. Régine a passé cinq épreuves et a obtenu une moyenne de 12. Elle connaît ses quatre premières notes : 13, 8, 10 et 15. Quelle est sa cinquième note ?

a) 8
b) 10
c) 14
d) 15

Explication :
La moyenne des 5 notes est égale à 12, donc le total des notes est égal à 60 (12 × 5).
60 - (13 + 8 + 10 + 15) = 60 - 46 = 14

11. Un boulanger vend 50 de ses croissants à 0,50 euro pièce, puis le reste à 0,30 euro pièce. Il réalise une recette juste pour les croissants de 70 euros. Combien a-t-il fabriqué de croissants ?

a) 70
b) 180
c) 150
d) 200

Explication :
Recette des croissants vendus à 0,5 euro pièce : 50 × 0,5 = 25 euros
Recette des croissants vendus à 0,3 euro pièce : 70 - 25 = 45 euros
Nombre de croissants vendus à 0,3 euro pièce : 45 / 0,3 = 150 croissants
Nombre total de croissants fabriqués : 150 + 50 = 200 croissants

12. Que vaut le tiers du double du quart de 24 ?

a) 2

b) 4

c) 6

d) 8

Explication :

Le quart de 24 = 6

Le double de 6 = 12

Le tiers de 12 = 4

13. Un escargot se dirige vers une salade à la vitesse de 0,008 km/h. Combien de temps mettra-t-il pour atteindre la salade située à 1,60 mètre ?

a) 11 min et 30 s

b) 10 min et 58 s

c) 12 min

d) 12 min et 5 s

Explication :

0,008 km/heure = 8 m/heure

1,6/8 = 0,2 heure = 12 minutes

14. Quel nombre entier est le plus grand diviseur commun de : 72, 84 et 96 ?

a) 6

b) 8

c) 12

d) 18

Explication :

$72 = 12 \times 6$

$84 = 12 \times 7$

$96 = 12 \times 8$

15. Si la masse musculaire d'un sportif augmente de 75 %, par combien sa masse musculaire initiale a-t-elle été multipliée ?

a) 1,75

b) 0,5

c) 1,25

d) 0,75

Raisonnement

1. Quelle lettre remplace le point d'interrogation ?

108 C	648 S
325 T	214 ?

a) A
b) D
c) X
d) Z

Explication :
Il s'agit de la première lettre de chaque chiffre.
Cent huit = 108 = C
214 = D

2. Dans son tiroir, Jean-François range « en vrac » 24 chaussettes rouges et 24 chaussettes bleues. Combien doit-il en sortir, au maximum, pour être sûr d'avoir une paire de même couleur ?

a) 2
b) 25
c) 13
d) 3

3. Parmi les propositions suivantes, laquelle complète la série et remplace le point interrogation : Pau - Nice - Paris - ?

a) Bordeaux
b) Marseille
c) Lille
d) Rennes

Explication :
Dans cette suite logique, il faut compter le nombre de lettres des villes citées :
Pau (3 lettres) - Nice (4 lettres) - Paris (5 lettres) - ? (6 lettres)
Donc logiquement la ville suivante aura 6 lettres.

4. Parmi les propositions suivantes, laquelle complète la suite logique et remplace le point d'interrogation : 41 - 62 - 83 - 104 - 125 - ?

a) 146

b) 147

c) 134

d) 166

Explication :

On constate une augmentation de + 21.

41 + 21 = 62

62 + 21 = 83

83 + 21 = 104

104 + 21 = 125

125 + 21 = 146

5. Quel est l'intrus dans la série suivante : 58CT - 74SE - 32TX - 25VQ - 91QG - 63SS ?

a) 58CT

b) 91QG

c) 74SE

d) 63SS

Explication :

58CT

Le chiffre = Cinquante-Huit

1re lettre du nombre : C

Dernière lettre du nombre : T

74SE

Soixante-Quatorze

1re lettre du nombre : S

Dernière lettre du nombre : E

32TX

Trente-Deux

1re lettre du nombre : T

Dernière lettre du nombre : X

25VQ

Vingt-Cinq

1re lettre du nombre : V

Dernière lettre du nombre : Q
91 QG est l'intrus
Quatre-Vingt-Onze
1re lettre du nombre : Q
Dernière lettre du nombre : G

6. Quel est le chiffre qui remplace le « ? » dans cette suite logique : A1C2F3J5P?X1Z ?
a) 7
b) 6
c) 5
d) 4

Explication :
Le chiffre représente le nombre de lettres manquantes entre chaque couple de lettres.
P?X
QRSTUVW = 7 lettres

7. Quel mot se cache derrière les points d'interrogation ?
A C T E : une lettre bien placée et une mal placée
R A L E : trois lettres mal placées
A M I S : deux lettres bien placées
? ? ? ?
a) LARD
b) ELSA
c) AMER
d) RAMI

Explication :
En partant de la troisième affirmation : AMIS deux lettres bien placées
LARD : FAUX
ELSA : FAUX
AMER : VRAI
RAMI : FAUX
Puis on vérifie avec les deux autres affirmations.

8. Quel nom de pays complète la liste suivante : Allemagne – Italie – Belgique – Croatie – ?

a) Maroc

b) France

c) Luxembourg

d) Norvège

Explication :

Tous ces noms de pays comportent quatre voyelles.

9. Compléter la liste suivante : chanter – retenir – tranche – ?

a) Chapelure

b) Lâcher

c) Ténor

d) Terrien

Explication :

Chanter est l'anagramme de tranche.

Retenir est l'anagramme de terrien.

10. Si Nathalie préfère les pommes, Joël préfère les litchis et Alexandra préfère les cerises, quel est le fruit préféré de Daniel ?

a) Abricot

b) Orange

c) Framboise

d) Goyave

Explication :

Première lettre du nom du fruit = première lettre du prénom + 2 lettres

SUJET INÉDIT N° 2 DE L'ÉPREUVE DE QCM DE PRÉ-ADMISSIBILITÉ

Durée : 1 h 30.
Coefficient 1.
L'usage de la calculatrice est interdit.

Orthographe, vocabulaire et grammaire

1. Quelle proposition permet de compléter correctement la phrase suivante : « Ces... maisons ont coûté... euros » ?

a) Neuf cents / neuf cent milles
b) Neuf cent / neuf cent mille
c) Neuf cents / neuf cent mille
d) Neuf cent / neuf cent milles

2. La deuxième personne du singulier du présent de l'indicatif du verbe « absoudre » est-elle :

a) Tu absoues
b) Tu absouds
c) Tu absous
d) Tu absouts

3. Quelle est la bonne conjugaison du verbe « rendre » à la première personne du pluriel du futur antérieur ?

a) Nous avons rendu
b) Nous rendrons
c) Nous aurons rendu
d) Nous serons rendus

4. Parmi les propositions suivantes, laquelle permet de compléter correctement cette phrase : « Elle s'est... les dents » ?

a) Brossée
b) Brosser
c) Brossé
d) Brossées

5. Que signifie « abjurer » ?

a) Pardonner
b) Refuser
c) Renoncer
d) Supplier

6. L'expression « ajouter en plus » est :

a) Un contresens
b) Une onomatopée
c) Un pléonasme
d) Un quiproquo

7. Trouver le mot dont le sens est proche de « suranné » :

a) Conte
b) Désuet
c) Surdoué
d) Surfin

8. Un pisciculteur est un spécialiste :

a) De la ville de Pise
b) De l'élevage des poissons
c) Des jeux de piste
d) Des piscines

9. Indiquer la proposition qui permet de compléter correctement la phrase : « Voici tous les ingrédients qu'il a... pour faire ce gâteau » :

a) Fallus
b) Fallu
c) Falus
d) Fallues

10. Les noms en « ail » forment en général leur pluriel en « ails ». Dans les propositions suivantes, quelle est l'exception ?

a) Chandail
b) Gouvernail
c) Sérail
d) Vantail

11. Les verbes qui commencent par le son [ap] s'écrivent « app ». Dans la liste suivante, quel est le verbe mal orthographié ?

a) Appesantir
b) Applatir
c) Apposer
d) Approfondir

12. Un adjectif verbal est un participe présent employé comme adjectif. Dans la liste suivante, quel terme n'est pas un adjectif verbal ?

a) Communicant
b) Divergent
c) Négligeant
d) Suffocant

13. L'euphorie est un sentiment de :

a) Bien-être
b) Culpabilité
c) Repli sur soi-même
d) Tristesse

14. Une personne prolixe est une personne qui :

a) Cherche à parvenir à un accord
b) Délaye ses propos
c) Manque de réflexion
d) Parle fort pour exprimer ses convictions

15. Quel mot n'appartient pas à la famille du mot « cou » ?

a) Accolade
b) Colère
c) Coltiner
d) Encolure

Connaissances générales

1. Quel événement s'est produit le 6 juin 1944 ?

a) L'appel du général de Gaulle à ne pas capituler
b) L'armistice de la Seconde Guerre mondiale
c) La libération de Paris
d) Le débarquement allié en Normandie

2. En quelle année la Ire République française a-t-elle été proclamée ? ✪

a) 1789
b) 1792
c) 1802
d) 1804

3. L'un de ces titres de presse est un quotidien. Lequel ?

a) *Le Monde*
b) *Le Point*
c) *L'Express*
d) *Marianne*

4. Quelle est la combinaison qui permet de classer dans l'ordre de leur élection, du plus ancien au plus récent, ces présidents français ?

1 - François Mitterrand
2 - Georges Pompidou
3 - Charles de Gaulle
4 - Jacques Chirac
a) 1, 2, 3, 4
b) 2, 1, 4, 3
c) 3, 2, 1, 4
d) 3, 4, 1, 2

5. Qui est Mona Lisa ?

a) Le modèle d'un peintre florentin
b) Le symbole de la République italienne
c) Une actrice italienne
d) Une reine de Sicile

6. Qu'est-ce qu'une « délocalisation » ?

a) La rénovation d'un local
b) Le changement de nom d'une région ou d'une ville
c) Le déplacement d'une entreprise ou d'une administration
d) Le transfert d'une somme d'argent

7. Que signifie PIB ?

a) Potentiel individuel de base
b) Production interne de biens
c) Produit intérieur brut
d) Profit interbancaire

8. De quelle œuvre musicale est tiré l'hymne de l'Union européenne ?

a) *L'Adagio* d'Albinoni
b) *La Neuvième Symphonie* de Beethoven
c) *La Symphonie Fantastique* de Berlioz
d) *Le Boléro* de Ravel

9. Quelle est la durée du mandat de député en France ?

a) 5 ans
b) 6 ans
c) 7 ans
d) 8 ans

10. En France, le permis à points comporte :

a) 8 points
b) 12 points
c) 15 points
d) 20 points

11. Quelle est la capitale fédérale du Canada ?

a) Montréal
b) Ottawa
c) Québec
d) Toronto

12. Les citoyens américains élisent leur président :

a) Au suffrage universel indirect
b) Au suffrage universel direct
c) Par référendum
d) Au suffrage censitaire

13. En quelle année les femmes ont-elles exercé pour la première fois le droit de vote en France ?

a) 1936
b) 1939
c) 1945
d) 1968

14. Parmi ces quatre titres de presse, lequel ne provient pas d'un pays de l'Union européenne ?

a) *Die Welt*
b) *Newsweek*
c) *La Stampa*
d) *The Times*

15. Quelle est l'institution européenne dont les membres sont élus au suffrage universel direct ?

a) La Commission européenne
b) La Cour de justice des communautés européennes
c) Le Conseil européen
d) Le Parlement européen

16. Le meilleur film distingué lors du festival de Berlin reçoit un :

a) César
b) Lion d'or
c) Oscar
d) Ours d'or

17. Institué à la demande de Napoléon Bonaparte en 1800, aujourd'hui nommé par le président de la République, il est responsable de l'ordre public. Il est le représentant direct du Premier ministre et de chaque ministre dans le département. Il s'agit du :

a) Député
b) Maire
c) Préfet
d) Sénateur

18. Qui récompense-t-on dans le cadre du concours Lépine ?

a) Les inventeurs

b) Les jardiniers

c) Les architectes

d) Les musiciens

19. Que permet le recours à l'article 49, alinéa 3 (49.3) de la Constitution du 4 octobre 1958 ?

a) Il confère au président de la République française des « pouvoirs exceptionnels ».

b) Il définit le dispositif de l'état de siège en France.

c) Il permet au gouvernement de faire passer le texte qu'il présente, sans vote.

d) Il dissout l'Assemblée nationale.

20. Le Conseil d'État est :

a) Le juge administratif suprême

b) Une cour administrative de 1er degré

c) Une formule pour désigner une réunion solennelle du gouvernement

d) Un tribunal judiciaire

Calcul

1. Le résultat de l'expression suivante peut s'écrire : $\left(\frac{3}{4} + \frac{4}{3} - 1\right)$

a) 1,3

b) 1,4

c) $\frac{13}{12}$

d) $\frac{4}{3}$

2. Vous faites procéder à des travaux de réfection dans votre habitation principale, une maison du XIXe siècle. Vous bénéficiez d'une nouvelle mesure fiscale, ces travaux ne sont plus soumis à une TVA de 19,6 % mais à une TVA de 5,5 %. Quel est votre gain pour des travaux d'un coût hors taxes de 8 000 euros ?

a) 828 euros

b) 1 028 euros

c) 1 128 euros

d) 2 228 euros

3. Pour le dernier match, 2 742 billets ont été vendus. Le dernier billet vendu porte le n° 7 855. Quel numéro porte le premier billet vendu ?

a) 5 113

b) 5 114

c) 10 597

d) 10 598

4. Une propriété agricole possède 3,2 hectares de prairie ; à quoi cela correspond-il ?

a) 3,2 km^2

b) 3 200 m^2

c) 320 m^2

d) 32 000 m^2

5. Mon frère souhaite repeindre en deux couches les murs et le plafond de sa cuisine qui mesure 4 m de long, 3 m de large et 2 m de haut. Un pot d'un kilo de peinture permet de couvrir 12 m^2. Combien de pots devra-t-il acheter ?

a) 4

b) 5

c) 6

d) 7

6. On multiplie un nombre par 3. En ajoutant 23 à ce que l'on obtient, on trouve 176. Quel est ce nombre ?

a) 23

b) 51

c) 69

d) 153

7. Quelle est la valeur de x dans l'expression suivante : - (4/5)x = 2 ?

a) 5/2

b) -5/2

c) 8/10

d) -8/10

8. Emma a 7 ans de moins qu'Éric. On désigne par x l'âge d'Emma. Parmi les expressions suivantes, quelle est celle qui donne l'âge d'Éric en fonction de x ?

a) $7 - x$
b) $x - 7$
c) $7 + x$
d) $-7 + x$

9. Pauline a passé la moitié de ses vacances à la plage, un tiers en Auvergne et dix jours à la campagne. Quelle a été la durée totale de ses vacances ?

a) 30 jours
b) 40 jours
c) 50 jours
d) 60 jours

10. Il y a 15 km de distance entre la ville A et la ville B. Quelle sera cette distance sur une carte au 1/200 000e ?

a) 0,75 cm
b) 3 cm
c) 7,5 cm
d) 30 cm

11. Quel est le 37e nombre impair ?

a) 37
b) 39
c) 73
d) 75

12. 30 000 secondes sont égales à :

a) 8 heures 20 minutes
b) 9 heures 40 minutes
c) 10 heures 00 minute
d) 10 heures 40 minutes

13. Dans une ville, il y a 2 000 habitants. 1/5 sont des enfants, 2/8 de ceux qui restent sont des femmes. Combien y a-t-il d'hommes dans cette ville ?

a) 400
b) 800
c) 1 200
d) 1 300

14. Une course d'endurance équestre se court sur une distance de 20 km à 12 km/heure. Quel est le temps effectué par le cavalier ?

a) 1 heure 20 minutes
b) 1 heure 40 minutes
c) 1 heure 50 minutes
d) 1 heure 55 minutes

15. Avec un taux de TVA de 20 %, combien allez-vous payer le flacon de parfum qui coûte, hors taxes, 50 euros ?

a) 80 euros
b) 70 euros
c) 60 euros
d) 80 euros

Raisonnement

1. Quel est le nombre manquant : 56 63 - 36 65 - 49 86 - 68 ? ✪

a) 59
b) 68
c) 86
d) 94

2. Quel est le domino manquant ?

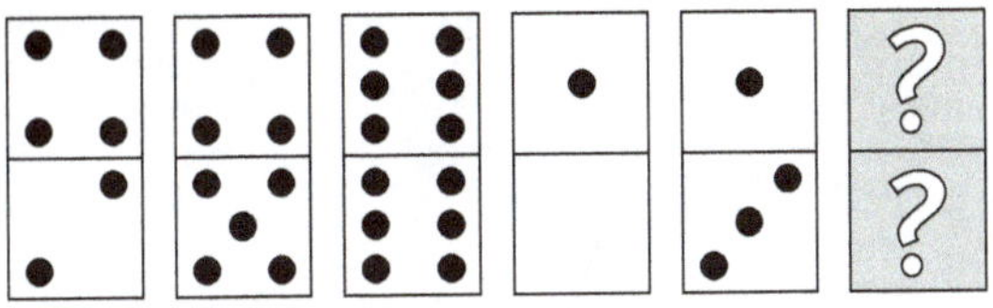

a) b) c) d)

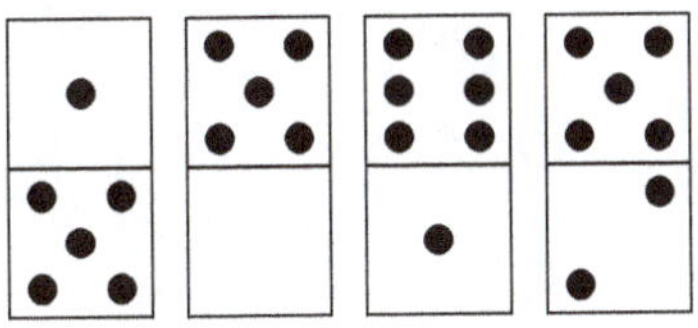

3. Maçon est à maison ce que boulanger est à :

a) Farine
b) Four
c) Levure
d) Pain

4. Quel chiffre doit se situer dans le dernier triangle ?

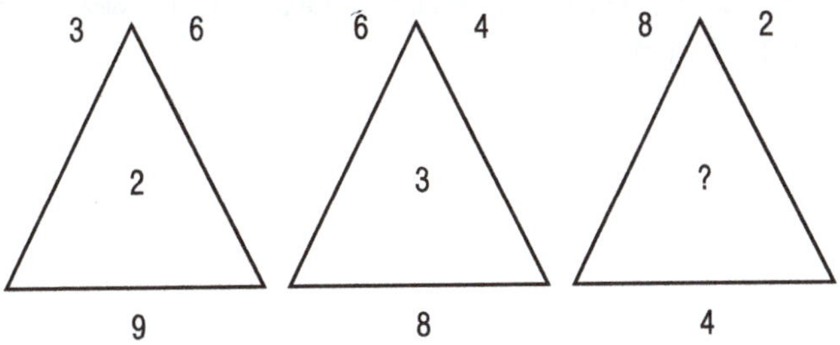

a) 2
b) 4
c) 6
d) 8

5. Remplacer le point d'interrogation : ✪

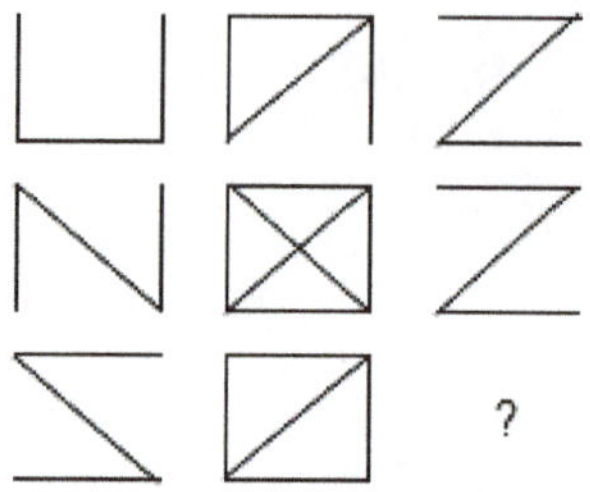

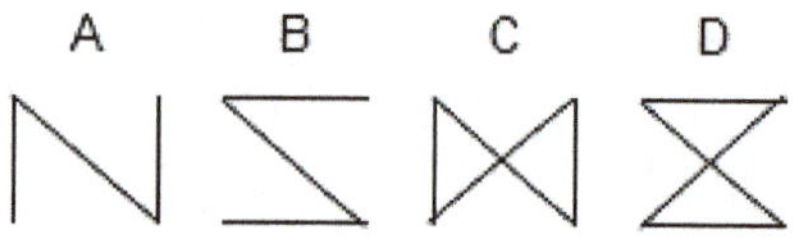

6. Les enfants bruns aiment le chocolat. Il n'existe pas d'enfant qui n'aime pas les bonbons. Que peut-on en déduire ?

a) Patrick n'aime pas les bonbons, donc il est brun.

b) Pierre aime les bonbons, donc il est brun.

c) Si Alain est un enfant brun, alors il aime les bonbons et le chocolat.

d) Un enfant brun n'aime pas forcément le chocolat.

7. Vincent a rendez-vous chaque jour de la semaine à 14 heures avec son dentiste mais ce dernier est systématiquement en retard. Le lundi, Vincent a été reçu à 14 h 30, le mardi à 15 h 20, le mercredi à 16 h 30. À quelle heure sera reçu Vincent le jeudi ?

a) 17 heures

b) 18 heures

c) 19 h 30

d) 20 h 10

8. Quelles sont les flèches manquantes dans la troisième colonne ? ✪

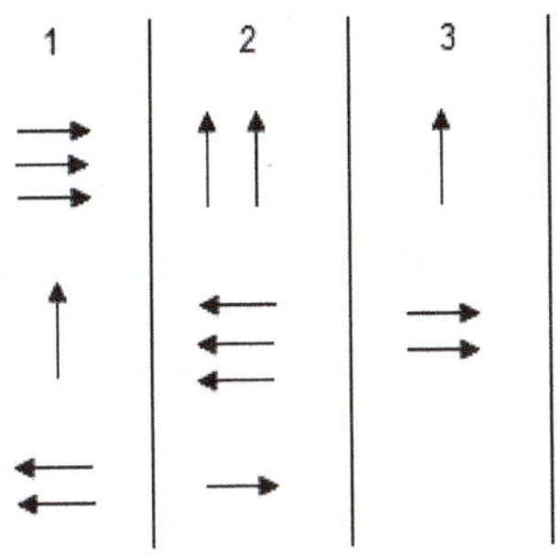

A ○ 

B ○ 

C ○ 

D ○ 

9. Quelle lettre vient à la place du point d'interrogation : U - D - T - Q - C - S - S - H - ?

a) D
b) N
c) O
d) T

10. « Tous les curieux sont avides. Aucun gourmand n'échappe aux sarcasmes. Certains gourmands sont curieux. » Quelle phrase ci-après contredit ces affirmations ?

a) Certains curieux sont gourmands.
b) Certains êtres avides échappent aux sarcasmes.
c) Certains gourmands sont avides.
d) Tous les avides échappent aux sarcasmes.

CORRIGÉ DU SUJET INÉDIT N° 2 DE L'ÉPREUVE DE QCM DE PRÉ-ADMISSIBILITÉ

Orthographe, vocabulaire et grammaire

1. Quelle proposition permet de compléter correctement la phrase suivante : « Ces... maisons ont coûté... euros » ?

a) Neuf cents / neuf cent milles

b) Neuf cent / neuf cent mille

c) Neuf cents / neuf cent mille

d) Neuf cent / neuf cent milles

2. La deuxième personne du singulier du présent de l'indicatif du verbe « absoudre » est-elle :

a) Tu absoues

b) Tu absouds

c) Tu absous

d) Tu absouts

3. Quelle est la bonne conjugaison du verbe « rendre » à la première personne du pluriel du futur antérieur ?

a) Nous avons rendu

b) Nous rendrons

c) Nous aurons rendu

d) Nous serons rendus

4. Parmi les propositions suivantes, laquelle permet de compléter correctement cette phrase : « Elle s'est... les dents » ?

a) Brossée

b) Brosser

c) Brossé

d) Brossées

5. Que signifie « abjurer » ?

a) Pardonner

b) Refuser

c) Renoncer

d) Supplier

6. L'expression « ajouter en plus » est :
a) Un contresens
b) Une onomatopée
c) Un pléonasme
d) Un quiproquo

7. Trouver le mot dont le sens est proche de « suranné » :
a) Conte
b) Désuet
c) Surdoué
d) Surfin

8. Un pisciculteur est un spécialiste :
a) De la ville de Pise
b) De l'élevage des poissons
c) Des jeux de piste
d) Des piscines

9. Indiquer la proposition qui permet de compléter correctement la phrase : « Voici tous les ingrédients qu'il a... pour faire ce gâteau » :
a) Fallus
b) Fallu
c) Falus
d) Fallues

10. Les noms en « ail » forment en général leur pluriel en « ails ». Dans les propositions suivantes, quelle est l'exception ?
a) Chandail
b) Gouvernail
c) Sérail
d) Vantail

11. Les verbes qui commencent par le son [ap] s'écrivent « app ». Dans la liste suivante, quel est le verbe mal orthographié ?
a) Appesantir
b) Applatir
c) Apposer
d) Approfondir

12. Un adjectif verbal est un participe présent employé comme adjectif. Dans la liste suivante, quel terme n'est pas un adjectif verbal ?

a) Communicant

b) Divergent

c) Négligeant

d) Suffocant

13. L'euphorie est un sentiment de :

a) Bien-être

b) Culpabilité

c) Repli sur soi-même

d) Tristesse

14. Une personne prolixe est une personne qui :

a) Cherche à parvenir à un accord

b) Délaye ses propos

c) Manque de réflexion

d) Parle fort pour exprimer ses convictions

15. Quel mot n'appartient pas à la famille du mot « cou » ?

a) Accolade

b) Colère

c) Coltiner

d) Encolure

Connaissances générales

1. Quel événement s'est produit le 6 juin 1944 ?

a) L'appel du général de Gaulle à ne pas capituler

b) L'armistice de la Seconde Guerre mondiale

c) La libération de Paris

d) Le débarquement allié en Normandie

2. En quelle année la Ire République française a-t-elle été proclamée ? ✪

a) 1789

b) 1792

c) 1802

d) 1804

3. L'un de ces titres de presse est un quotidien. Lequel ?

a) *Le Monde*

b) *Le Point*

c) *L'Express*

d) *Marianne*

4. Quelle est la combinaison qui permet de classer dans l'ordre de leur élection, du plus ancien au plus récent, ces présidents français ?

1 - François Mitterrand

2 - Georges Pompidou

3 - Charles de Gaulle

4 - Jacques Chirac

a) 1, 2, 3, 4

b) 2, 1, 4, 3

c) 3, 2, 1, 4

d) 3, 4, 1, 2

5. Qui est Mona Lisa ?

a) Le modèle d'un peintre florentin

b) Le symbole de la République italienne

c) Une actrice italienne

d) Une reine de Sicile

6. Qu'est-ce qu'une « délocalisation » ?

a) La rénovation d'un local

b) Le changement de nom d'une région ou d'une ville

c) Le déplacement d'une entreprise ou d'une administration

d) Le transfert d'une somme d'argent

7. Que signifie PIB ?

a) Potentiel individuel de base

b) Production interne de biens

c) Produit intérieur brut

d) Profit interbancaire

8. De quelle œuvre musicale est tiré l'hymne de l'Union européenne ?

a) *L'Adagio* d'Albinoni

b) *La Neuvième Symphonie* de Beethoven

c) *La Symphonie Fantastique* de Berlioz

d) *Le Boléro* de Ravel

9. Quelle est la durée du mandat de député en France ?

a) 5 ans

b) 6 ans

c) 7 ans

d) 8 ans

10. En France, le permis à points comporte :

a) 8 points

b) 12 points

c) 15 points

d) 20 points

11. Quelle est la capitale fédérale du Canada ?

a) Montréal

b) Ottawa

c) Québec

d) Toronto

12. Les citoyens américains élisent leur président :

a) Au suffrage universel indirect

b) Au suffrage universel direct

c) Par référendum

d) Au suffrage censitaire

13. En quelle année les femmes ont-elles exercé pour la première fois le droit de vote en France ?

a) 1936

b) 1939

c) 1945

d) 1968

14. Parmi ces quatre titres de presse, lequel ne provient pas d'un pays de l'Union européenne ?

a) *Die Welt*

b) *Newsweek*

c) *La Stampa*

d) *The Times*

15. Quelle est l'institution européenne dont les membres sont élus au suffrage universel direct ?

a) La Commission européenne

b) La Cour de justice des communautés européennes

c) Le Conseil européen

d) Le Parlement européen

16. Le meilleur film distingué lors du festival de Berlin reçoit un :

a) César

b) Lion d'or

c) Oscar

d) Ours d'or

17. Institué à la demande de Napoléon Bonaparte en 1800, aujourd'hui nommé par le président de la République, il est responsable de l'ordre public. Il est le représentant direct du Premier ministre et de chaque ministre dans le département. Il s'agit du :

a) Député

b) Maire

c) Préfet

d) Sénateur

18. Qui récompense-t-on dans le cadre du concours Lépine ?

a) Les inventeurs

b) Les jardiniers

c) Les architectes

d) Les musiciens

19. Que permet le recours à l'article 49, alinéa 3 (49.3) de la Constitution du 4 octobre 1958 ?

a) Il confère au président de la République française des « pouvoirs exceptionnels ».

b) Il définit le dispositif de l'état de siège en France.

c) Il permet au gouvernement de faire passer le texte qu'il présente, sans vote.

d) Il dissout l'Assemblée nationale.

20. Le Conseil d'État est :

a) Le juge administratif suprême

b) Une cour administrative de 1er degré

c) Une formule pour désigner une réunion solennelle du gouvernement

d) Un tribunal judiciaire

Calcul

1. Le résultat de l'expression suivante peut s'écrire : $\left(\frac{3}{4} + \frac{4}{3} - 1\right)$

a) 1,3

b) 1,4

c) $\frac{13}{12}$

d) $\frac{4}{3}$

Explication :

(3/4) + (4/3)-1 = (9 + 16-12)/12 = (25-12)/12 = 13/12

2. Vous faites procéder à des travaux de réfection dans votre habitation principale, une maison du XIXe siècle. Vous bénéficiez d'une nouvelle mesure fiscale, ces travaux ne sont plus soumis à une TVA de 19,6 % mais à une TVA de 5,5 %. Quel est votre gain pour des travaux d'un coût hors taxes de 8 000 euros ?

a) 828 euros

b) 1 028 euros

c) 1 128 euros

d) 2 228 euros

Explication :

(8 000 × 19,6/100) - (8 000 × 5,5/100) = 1 128

3. Pour le dernier match, 2 742 billets ont été vendus. Le dernier billet vendu porte le n° 7 855. Quel numéro porte le premier billet vendu ?

a) 5 113

b) 5 114

c) 10 597

d) 10 598

Explication :

(7 855 - 2 742) + 1 = 5 114

4. Une propriété agricole possède 3,2 hectares de prairie ; à quoi cela correspond-il ?

a) 3,2 km^2

b) 3 200 m^2

c) 320 m^2

d) 32 000 m^2

5. Mon frère souhaite repeindre en deux couches les murs et le plafond de sa cuisine qui mesure 4 m de long, 3 m de large et 2 m de haut. Un pot d'un kilo de peinture permet de couvrir 12 m^2. Combien de pots devra-t-il acheter ?

a) 4

b) 5

c) 6

d) 7

Explication :

Surface des murs :

2 murs : (4 × 2 m^2 = 8) × 2 = 16 m^2

2 murs : (3 × 2 m^2 = 6) × 2 = 12 m^2

Surface du plafond : 1 plafond avec 4 × 3 m^2 = 12 m^2

Total à couvrir : 16 + 12 + 16 = 40 m^2

Pour deux couches : 80 m^2

Il faut 80/12 pots = 6,6666 pots, donc on achète 7 pots.

6. On multiplie un nombre par 3. En ajoutant 23 à ce que l'on obtient, on trouve 176. Quel est ce nombre ?

a) 23

b) 51

c) 69

d) 153

Explication :

Il convient de faire l'opération inverse : 176 - 23 = 153

153/3 = 51

7. Quelle est la valeur de x dans l'expression suivante : - (4/5)x = 2 ?

a) 5/2

b) -5/2

c) 8/10

d) -8/10

Explication :

$x = 2 \times (-5)/4 = -5/2$

8. Emma a 7 ans de moins qu'Éric. On désigne par x l'âge d'Emma. Parmi les expressions suivantes, quelle est celle qui donne l'âge d'Éric en fonction de x ?

a) $7 - x$

b) $x - 7$

c) $7 + x$

d) $-7 + x$

Explication :

Emma = Éric - 7

Donc Éric = Emma + 7 = $x + 7$

9. Pauline a passé la moitié de ses vacances à la plage, un tiers en Auvergne et dix jours à la campagne. Quelle a été la durée totale de ses vacances ?

a) 30 jours

b) 40 jours

c) 50 jours

d) 60 jours

Explication :
Soit x le nombre total de jours de vacances :
1/2 x + 1/3 x + 10 = x
5/6x + 10 = x
x - 5/6x = 10
1/6x = 10
Donc x = 60

10. Il y a 15 km de distance entre la ville A et la ville B. Quelle sera cette distance sur une carte au 1/200 000e ?
a) 0,75 cm
b) 3 cm
c) 7,5 cm
d) 30 cm

Explication :
15 km = 1 500 000 cm
1 500 000 / 200 000 = 7,5

11. Quel est le 37e nombre impair ?
a) 37
b) 39
c) 73
d) 75

Explication :
(37 × 2) - 1 = 73

12. 30 000 secondes sont égales à :
a) 8 heures 20 minutes
b) 9 heures 40 minutes
c) 10 heures 00 minute
d) 10 heures 40 minutes

Explication :
30 000 secondes = 500 minutes
500 minutes = 8 heures et 20 minutes

13. Dans une ville, il y a 2 000 habitants. 1/5 sont des enfants, 2/8 de ceux qui restent sont des femmes. Combien y a-t-il d'hommes dans cette ville ?

a) 400

b) 800

c) 1 200

d) 1 300

Explication :

Nombre d'enfants : 2 000/5 = 400

Population adulte : 2 000 - 400 = 1 600

Nombre de femmes : 1 600 × (2/8) = 400

Nombre d'hommes : 1 600 - 400 = 1 200

14. Une course d'endurance équestre se court sur une distance de 20 km à 12 km/heure. Quel est le temps effectué par le cavalier ?

a) 1 heure 20 minutes

b) 1 heure 40 minutes

c) 1 heure 50 minutes

d) 1 heure 55 minutes

Explication :

20/12 = 1,66 = 1 heure 40 minutes

15. Avec un taux de TVA de 20 %, combien allez-vous payer le flacon de parfum qui coûte, hors taxes, 50 euros ?

a) 80 euros

b) 70 euros

c) 60 euros

d) 80 euros

Raisonnement

1. Quel est le nombre manquant : 56 63 - 36 65 - 49 86 - 68 ?

a) 59

b) 68

c) 86

d) 94

Explication :

La série doit être divisée en deux :

[56 63 - 36 65] - [49 86 - 68 ?]

[56 63 - 36 65] doit être scindée en deux.

En considérant les nombres, la série 56 63 est le miroir inversé de 36 65 (63 = 36) (56 = 65)

Donc [49 86 - 68 ?]

86 = 68

49 = ? = 94

2. Quel est le domino manquant ?

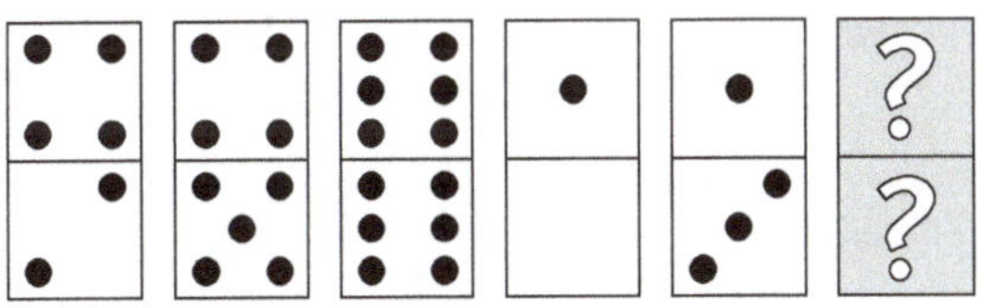

a) b) c) **d)**

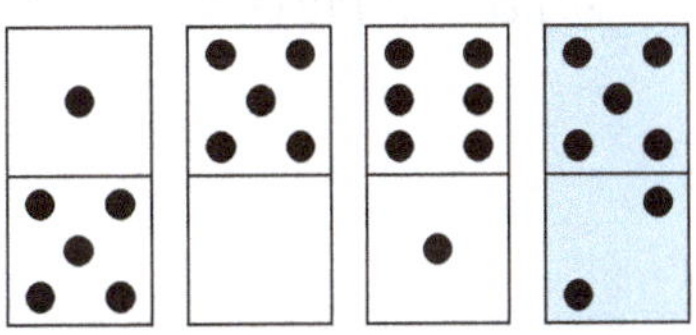

Explication :

Les dominos doivent ici se lire en diagonale :

En partant du 1er domino haut, puis 2e domino bas... : on obtient une logique de diagonale + 1 :

4, 5, 6, 0, 1, ? = 2

En partant du 1er domino bas, puis 2e domino haut... : on obtient une logique de diagonale + 2 :

2, 4, 6, 1, 3, ? = 5

La bonne réponse est donc D.

3. Maçon est à maison ce que boulanger est à :

a) Farine

b) Four

c) Levure

d) Pain

Explication :

Il faut raisonner en fonction du « produit fini » : le maçon « fait » une maison, le boulanger « fait » du pain.

4. Quel chiffre doit se situer dans le dernier triangle ?

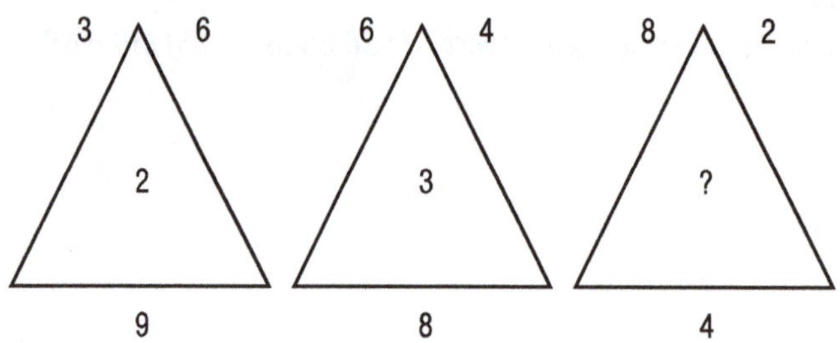

a) 2

b) 4

c) 6

d) 8

Explication :

On multiplie les deux chiffres du haut l'un par l'autre, puis on divise par le chiffre du bas = le chiffre à l'intérieur du triangle.

Triangle 1 : $(3 \times 6)/9 = 2$

Triangle 2 : $(6 \times 4)/8 = 3$

Triangle 3 : $(8 \times 2)/4 = 4$

5. Remplacer le point d'interrogation : ✪

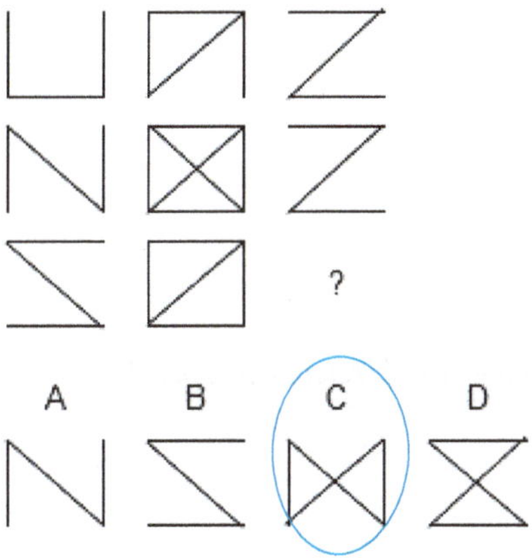

Explication :
On observe ici que la figure du milieu est la superposition des deux autres, tout en sachant qu'un trait commun aux deux s'efface.
La bonne réponse est c).

6. Les enfants bruns aiment le chocolat. Il n'existe pas d'enfant qui n'aime pas les bonbons. Que peut-on en déduire ?

a) Patrick n'aime pas les bonbons, donc il est brun.
b) Pierre aime les bonbons, donc il est brun.
c) Si Alain est un enfant brun, alors il aime les bonbons et le chocolat.
d) Un enfant brun n'aime pas forcément le chocolat.

Explication :
Il est possible de résumer les deux affirmations de la manière suivante :
- *première affirmation : si l'enfant est brun = il aime le chocolat ;*
- *seconde affirmation : si c'est un enfant = il aime les bonbons.*

Donc, si Alain est un enfant brun, alors il aime les bonbons et le chocolat.

7. Vincent a rendez-vous chaque jour de la semaine à 14 heures avec son dentiste mais ce dernier est systématiquement en retard. Le lundi, Vincent a été reçu à 14 h 30, le mardi à 15 h 20, le mercredi à 16 h 30. À quelle heure sera reçu Vincent le jeudi ?

a) 17 heures

b) 18 heures

c) 19 h 30

d) 20 h 10

Explication :

Il s'agit ici d'une suite de retards. Il convient donc de comptabiliser le retard par rapport à l'horaire initial :

- *lundi : + 30 minutes ;*
- *mardi : + 80 minutes (soit 50 minutes de plus que le lundi) ;*
- *mercredi : + 150 minutes (soit 70 minutes de plus que le mardi) ;*
- *jeudi : ? (le retard de la veille augmente de 20 minutes chaque jour).*

Donc : 150 + 70 + 20 = 240 minutes de retard = 4 heures, soit un RDV à 18 heures.

8. Quelles sont les flèches manquantes dans la troisième colonne ? ✪

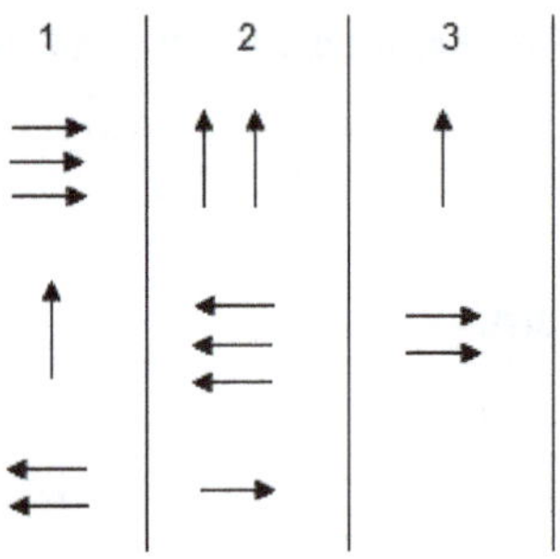

A ○ 

B ○ 

C ○ 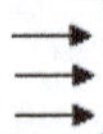

D ○ 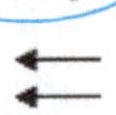

Explication :
On observe ici que dans chaque colonne et dans chaque ligne, il y a une figure à 1 flèche, une figure à 2 flèches et une figure à 3 flèches. La figure manquante ne peut être que la figure A ou la figure C.
Par ailleurs, dans chaque colonne, il y a une figure verticale, deux figures horizontales. La figure manquante sera donc horizontale : il ne peut s'agit par conséquent que de la réponse c).

9. Quelle lettre vient à la place du point d'interrogation : U - D - T - Q - C - S - S - H - ?

a) D
b) N
c) O
d) T

Explication :
Il s'agit ici des premières lettres de chaque chiffre : Un, Deux, Trois, Quatre, Cinq, Six, Sept, Huit, Neuf.

10. « Tous les curieux sont avides. Aucun gourmand n'échappe aux sarcasmes. Certains gourmands sont curieux. » Quelle phrase ci-après contredit ces affirmations ?

a) Certains curieux sont gourmands.
b) Certains êtres avides échappent aux sarcasmes.
c) Certains gourmands sont avides.
d) Tous les avides échappent aux sarcasmes.

Explication :
Affirmation 3 : Certains gourmands sont curieux.
Affirmation 1 : Tous les curieux sont avides.
Affirmation 2 : Aucun gourmand n'échappe aux sarcasmes.
Donc, certains gourmands = curieux = avides mais n'échappent pas aux sarcasmes.
La proposition d) contredit les affirmations.

■ SUJET INÉDIT N° 3 DE L'ÉPREUVE DE QCM DE PRÉ-ADMISSIBILITÉ

Durée : 1 h 30.
coefficient 1.
L'usage de la calculatrice est interdit.

Orthographe, vocabulaire et grammaire

1. Trouver la bonne orthographe du pluriel suivant :

a) Des timbres-postes
b) Des timbres-poste
c) Des timbre-postes
d) Des timbre-poste

2. Trouver la bonne orthographe du pluriel suivant :

a) Des gardes-boues
b) Des gardes-boue
c) Des garde-boues
d) Des garde-boue

3. Donner le genre de « antre » et « mandibule ».

a) Les deux sont féminins
b) Les deux sont masculins
c) Féminin et masculin
d) Masculin et féminin

4. Donner le genre de « octave » et « réglisse ».

a) Les deux sont féminins
b) Les deux sont masculins
c) Féminin et masculin
d) Masculin et féminin

5. « Sans *a priori* » signifie :

a) Sans suite
b) Sans fondement
c) Sans idée préconçue
d) Sans intérêt

6. Trouver l'intrus :

a) Parler
b) Jacter
c) Palabrer
d) Discuter

7. Un cruciverbiste est :

a) Une fleur à pétales en croix
b) Un amateur de mots croisés
c) Un archéologue
d) Un homme orgueilleux

8. Compléter la phrase : « Parfois il faut choisir… des gens et de leurs ressentis. »

a) Au dépand
b) Aux dépands
c) Au dépend
d) Aux dépens

9. Extérioriser ses sentiments, c'est être :

a) Exhubérent
b) Exhubérant
c) Exubérant
d) Exubérent

10. « Galvauder » signifie :

a) Utiliser à tort et à travers, gâcher
b) Effectuer un traitement chimique
c) Rire à gorge déployée
d) Encourager

11. Trouver la bonne orthographe :

a) Les quatres enfants et les quatres cents chevaux
b) Les quatres enfants et les quatres cent chevaux
c) Les quatre enfants et les quatre cents chevaux
d) Les quatre enfants et les quatre cent chevaux

12. Trouver la bonne orthographe du mot dont le sigle est CV :

a) Curriculum vite
b) Curiculum vité
c) Curriculum vitae
d) Curiculum vitae

13. Trouver la bonne terminaison du verbe : « Bien évidemment, les fraises que j'ai… ont un goût bien différent. »

a) Cueilli
b) Cueillie
c) Cueillis
d) Cueillies

14. Trouver la bonne terminaison du verbe : « Les mésaventures qui ont été… par Pierre sont peu banales. »

a) Rapportées
b) Rapporter
c) Rapportés
d) Rapporté

15. Se parler à soi-même, c'est :

a) Fabuler
b) Soliloquer
c) Confier
d) Compenser

Connaissances générales

1. Trouver le sens le plus proche du mot « Mémorandum » : ✪

a) Souvenir
b) Maladie de la mémoire
c) Commande
d) Note écrite

2. Que signifie un « consensus » ?

a) Un accord
b) Un désaccord
c) Un mystère
d) Un prêt

3. L'espéranto est :

a) Une langue construite dans le but de faciliter la communication entre les gens
b) Un opéra espagnol
c) Un petit cétacé
d) Un livre de liturgie publié par le pape Jean-Paul II

4. Quel est l'âge minimum requis pour être candidat à la présidence de la République ?

a) 18 ans
b) 21 ans
c) 23 ans
d) 16 ans

5. Quel prix n'est pas un prix littéraire ?

a) Renaudot
b) Femina
c) César
d) Medicis

6. Parmi les réponses suivantes, quelle est la meilleure approximation de la vitesse de la lumière ?

a) 3 000 m/s
b) 300 000 m/s
c) 3 000 000 m/s
d) 300 000 000 m/s

7. Le droit d'éligibilité est :

a) Le droit de vote
b) Le droit d'être élu
c) Le droit de voter pour qui on veut
d) Le droit de vote à main levée

8. Quel sport utilise un tatami ?

a) Le sumo

b) Le karaté

c) La boxe thaï

d) Le judo

9. Quelle planète se trouve entre Jupiter et Saturne ?

a) Mercure

b) Uranus

c) Neptune

d) Aucune, elles se suivent

10. Quelle est l'origine du surnom des douaniers, « gabelou » ?

a) La gabelle, taxe sur le sel au Moyen Âge

b) Alexandre Gabel, premier ministre en charge des perceptions indirectes au XVIIIe siècle

c) Les gabellus, officiers des fermiers généraux collectant les taxes sur le tabac et les alcools après la Révolution française

d) La Belu, première brigade de répression de la contrebande créée en 1885 ayant donné l'expression « gars de la Belu »

11. Un quintal est égal à :

a) 1 kg

b) 10 kg

c) 100 kg

d) 1 000 kg

12. Qu'est-ce qu'une directive européenne ?

a) Une lettre d'instruction européenne

b) Une catégorie d'actes juridiques européens

c) Un programme politique européen

d) Une autorisation administrative européenne

13. Quel pays ne fait pas partie de la zone euro ?

a) La Suède

b) Le Portugal

c) Malte

d) L'Autriche

14. Les cinq pays ayant un droit de veto au Conseil de sécurité de l'ONU sont la France, la Chine, la Russie, les États-Unis et :

a) Le Royaume-Uni
b) L'Allemagne
c) L'Australie
d) Le Japon

15. Dans quel pays se trouve la Cour internationale de justice ?

a) La Suède
b) La Norvège
c) Les Pays-Bas
d) La Suisse

16. En Chine, le Mah-jong désigne :

a) Un fleuve
b) Un paravent
c) Un sport
d) Un jeu

17. Quel explosif a été inventé par Alfred Nobel en 1867 ?

a) Le trinitrotoluéne
b) La nitroglycérine
c) La pentrite
d) La dynamite

18. Lequel de ces pays n'a pas de frontière avec l'Algérie ? ✪

a) Le Niger
b) La Lybie
c) Le Mali
d) Le Burkina Faso

19. Un arbre à feuilles caduques est un arbre dont :

a) Les feuilles ne tombent pas en hiver.
b) Les feuilles sont le plus souvent réduites à des aiguilles.
c) Les feuilles résistent très bien aux très fortes chaleurs.
d) Les feuilles se renouvellent chaque année.

20. Les noces d'or se fêtent après combien d'années de mariage ?

a) 25 ans
b) 40 ans
c) 50 ans
d) 80 ans

Calcul

1. Le nombre $(3^2)(9^3)$ est égal à : ✪

a) 3^8
b) 3^{11}
c) 3^{12}
d) 3^{15}

2. La fraction 7/2 divisée par 3/4 est égale à :

a) 14/3
b) 21/8
c) 7/6
d) 7/24

3. Quelle est la forme développée de l'expression $(5x + 1)(2x^2 - 5) + 5(2x - x^2)$? ✪

a) $10x^3 - 3x^2 - 15x - 5$
b) $10x^3 + 2x^2 + 15$
c) $12x^2 + 10x + 15$
d) $x^3 + 2x^2 + 5x + 5$

4. Quel est le nombre qui, étant augmenté de 24, devient cinq fois plus grand qu'il ne l'était auparavant ?

a) 1
b) 15
c) 6
d) 26

5. Quel est le plus grand diviseur commun entre 1 001 et 2 310 ?

a) 77
b) 39
c) 442
d) 156

6. Quel est le plus petit diviseur commun entre 1 001 et 2 310 ?

a) 5

b) 7

c) 9

d) 11

7. Le couple (2,-2) est la solution du système : ✪

a) $x + 2y = -2$ et $2x + 4y = -4$ et $x + 5y = -8$

b) $5x + 2y = 6$ et $3x - 2y = 6$ et $4x + 5y = 15$

c) $x + y = 3$ et $x - 2y = -6$ et $7x - 3y = 9$

d) $-2x + 5y = 2$ et $x + y = 0$ et $x + 3y = 5$

8. On sait que la largeur d'un rectangle est le quart de sa longueur et qu'elle mesure 30 cm de moins que sa longueur. Quelle est l'aire du rectangle ? ✪

a) 2 dm^2

b) 7,5 cm^2

c) 4 dm^2

d) 40 cm^2

9. La distance entre deux gares ferroviaires sur une carte à l'échelle 1/500 000e est de 2,4 cm. Quelle est la distance réelle entre ces deux gares ?

a) 12 km

b) 48 km

c) 120 km

d) 480 km

10. $(-3)^5$ = ? ✪

a) 81

b) -81

c) -243

d) 243

11. Dans un triangle ABC rectangle en A tel que [AB] = 4 et [AC] = 3, combien mesure [BC] ?

a) 3

b) 4

c) 5

d) 2

12. Parmi ces nombres, un seul est un nombre premier. Lequel ?

a) 43
b) 44
c) 45
d) 46

13. Une personne a 360 000 euros. Elle en place les deux tiers à 4,5 % et le reste à 3 %. Quel est son revenu annuel ?

a) 14 400 euros
b) 12 800 euros
c) 14 800 euros
d) 27 000 euros

14. La fraction 9/5 peut être exprimée en pourcentage. Le résultat est :

a) 9,5 %
b) 45 %
c) 95 %
d) 180 %

15. Diviser un nombre par 0,25 équivaut à :

a) Le multiplier par 2,5
b) Le multiplier par 5
c) Le multiplier par 4
d) Le diviser par 2 et le multiplier par 10

Raisonnement

1. Quel est l'élément suivant : 1 - 5 - 8 - 10 - ?

a) 11
b) 12
c) 13
d) 14

2. Quel est l'élément suivant : 1 - 5 - 6 - 11 - ?

a) 11
b) 13
c) 15
d) 17

3. Quel est l'élément suivant : 4 – 5 – 6 – 8 – ?

a) 10
b) 11
c) 12
d) 13

4. Quel est l'intrus ?

a) Tourbe
b) Marne
c) Glaise
d) Granit

5. Paul a deux fois l'âge de sa sœur Anne. Il a trois fois l'âge de son petit frère Simon. Si on additionne l'âge de Paul, d'Anne et de Simon, on obtient la moitié de l'âge de leur père. Sachant que la mère de Paul a 6 ans de plus que son père, quel est l'âge du père de Paul ? ✪

a) 26 ans
b) 36 ans
c) 46 ans
d) Impossible à déterminer

6. Paul vient d'acheter un paquet de bonbons bariolés. Trouvant leur goût excellent, il décide d'en donner 5 à sa sœur Anne, 6 à son frère Simon et, à son ami Pierre, plus qu'à Anne et à Simon réunis. Combien le paquet contient-il de bonbons au minimum ?

a) 23
b) 24
c) 25
d) Impossible à déterminer

7. Si Ève se traduit par le chiffre 32, que vaut Adam ?

a) 12
b) 23
c) 19
d) 21

8. Quel est l'intrus ?

a) HVCERE
b) EANUGRIM
c) VCAEH
d) LTEMU

9. Un libraire achète un livre 20 euros, le vend 25 euros, le rachète 30 euros et le revend 35 euros. Quel est son bénéfice ?

a) 10 euros
b) 50 euros
c) 5 euros
d) 25 euros

10. Si ARNAUD se transpose en 118141214, comment écrire MIREILLE ?

a) 14378511254
b) 21145141511
c) 139185912125
d) 1141518224

CORRIGÉ DU SUJET INÉDIT N° 3 DE L'ÉPREUVE DE QCM DE PRÉ-ADMISSIBILITÉ

Orthographe, vocabulaire et grammaire

1. Trouver la bonne orthographe du pluriel suivant :

a) Des timbres-postes
b) Des timbres-poste
c) Des timbre-postes
d) Des timbre-poste

2. Trouver la bonne orthographe du pluriel suivant :

a) Des gardes-boues
b) Des gardes-boue
c) Des garde-boues
d) Des garde-boue

3. Donner le genre de « antre » et « mandibule ».

a) Les deux sont féminins
b) Les deux sont masculins
c) Féminin et masculin
d) Masculin et féminin

4. Donner le genre de « octave » et « réglisse ».

a) Les deux sont féminins
b) Les deux sont masculins
c) Féminin et masculin
d) Masculin et féminin

5. « Sans *a priori* » signifie :

a) Sans suite
b) Sans fondement
c) Sans idée préconçue
d) Sans intérêt

6. Trouver l'intrus :

a) Parler

b) Jacter

c) Palabrer

d) Discuter

Explication :

Discuter est le seul verbe transitif.

7. Un cruciverbiste est :

a) Une fleur à pétales en croix

b) Un amateur de mots croisés

c) Un archéologue

d) Un homme orgueilleux

8. Compléter la phrase : « Parfois il faut choisir… des gens et de leurs ressentis. »

a) Au dépand

b) Aux dépands

c) Au dépend

d) Aux dépens

9. Extérioriser ses sentiments, c'est être :

a) Exhubérent

b) Exhubérant

c) Exubérant

d) Exubérent

10. « Galvauder » signifie :

a) Utiliser à tort et à travers, gâcher

b) Effectuer un traitement chimique

c) Rire à gorge déployée

d) Encourager

11. Trouver la bonne orthographe :

a) Les quatres enfants et les quatres cents chevaux

b) Les quatres enfants et les quatres cent chevaux

c) Les quatre enfants et les quatre cents chevaux

d) Les quatre enfants et les quatre cent chevaux

12. Trouver la bonne orthographe du mot dont le sigle est CV :

a) Curriculum vite

b) Curiculum vité

c) Curriculum vitae

d) Curiculum vitae

13. Trouver la bonne terminaison du verbe : « Bien évidemment, les fraises que j'ai... ont un goût bien différent. »

a) Cueilli

b) Cueillie

c) Cueillis

d) Cueillies

14. Trouver la bonne terminaison du verbe : « Les mésaventures qui ont été... par Pierre sont peu banales. »

a) Rapportées

b) Rapporter

c) Rapportés

d) Rapporté

15. Se parler à soi-même, c'est :

a) Fabuler

b) Soliloquer

c) Confier

d) Compenser

Connaissances générales

1. Trouver le sens le plus proche du mot « Mémorandum » : ✪

a) Souvenir

b) Maladie de la mémoire

c) Commande

d) Note écrite

2. Que signifie un « consensus » ?

a) Un accord

b) Un désaccord

c) Un mystère

d) Un prêt

3. L'espéranto est :

a) Une langue construite dans le but de faciliter la communication entre les gens

b) Un opéra espagnol

c) Un petit cétacé

d) Un livre de liturgie publié par le pape Jean-Paul II

4. Quel est l'âge minimum requis pour être candidat à la présidence de la République ?

a) 18 ans

b) 21 ans

c) 23 ans

d) 16 ans

5. Quel prix n'est pas un prix littéraire ?

a) Renaudot

b) Femina

c) César

d) Medicis

6. Parmi les réponses suivantes, quelle est la meilleure approximation de la vitesse de la lumière ?

a) 3 000 m/s

b) 300 000 m/s

c) 3 000 000 m/s

d) 300 000 000 m/s

7. Le droit d'éligibilité est :

a) Le droit de vote

b) Le droit d'être élu

c) Le droit de voter pour qui on veut

d) Le droit de vote à main levée

8. Quel sport utilise un tatami ?

a) Le sumo

b) Le karaté

c) La boxe thaï

d) Le judo

9. Quelle planète se trouve entre Jupiter et Saturne ?

a) Mercure

b) Uranus

c) Neptune

d) Aucune, elles se suivent

10. Quelle est l'origine du surnom des douaniers, « gabelou » ?

a) La gabelle, taxe sur le sel au Moyen Âge

b) Alexandre Gabel, premier ministre en charge des perceptions indirectes au XVIIIe siècle

c) Les gabellus, officiers des fermiers généraux collectant les taxes sur le tabac et les alcools après la Révolution française

d) La Belu, première brigade de répression de la contrebande créée en 1885 ayant donné l'expression « gars de la Belu »

11. Un quintal est égal à :

a) 1 kg

b) 10 kg

c) 100 kg

d) 1 000 kg

12. Qu'est-ce qu'une directive européenne ?

a) Une lettre d'instruction européenne

b) Une catégorie d'actes juridiques européens

c) Un programme politique européen

d) Une autorisation administrative européenne

13. Quel pays ne fait pas partie de la zone euro ?

a) La Suède

b) Le Portugal

c) Malte

d) L'Autriche

14. Les cinq pays ayant un droit de veto au Conseil de sécurité de l'ONU sont la France, la Chine, la Russie, les États-Unis et :

a) Le Royaume-Uni

b) L'Allemagne

c) L'Australie

d) Le Japon

15. Dans quel pays se trouve la Cour internationale de justice ?

a) La Suède

b) La Norvège

c) Les Pays-Bas

d) La Suisse

16. En Chine, le Mah-jong désigne :

a) Un fleuve

b) Un paravent

c) Un sport

d) Un jeu

17. Quel explosif a été inventé par Alfred Nobel en 1867 ?

a) Le trinitrotoluéne

b) La nitroglycérine

c) La pentrite

d) La dynamite

18. Lequel de ces pays n'a pas de frontière avec l'Algérie ? ✪

a) Le Niger

b) La Lybie

c) Le Mali

d) Le Burkina Faso

19. Un arbre à feuilles caduques est un arbre dont :

a) Les feuilles ne tombent pas en hiver.

b) Les feuilles sont le plus souvent réduites à des aiguilles.

c) Les feuilles résistent très bien aux très fortes chaleurs.

d) Les feuilles se renouvellent chaque année.

20. Les noces d'or se fêtent après combien d'années de mariage ?

a) 25 ans

b) 40 ans

c) 50 ans

d) 80 ans

Calcul

1. Le nombre $(3^2)(9^3)$ est égal à : ✪

a) 3^8

b) 3^{11}

c) 3^{12}

d) 3^{15}

Explication :

$(3^2)(9^3)$

$= 3^2 \times 9^3$

$= 3 \times 3 \times 9 \times 9 \times 9$

$= 3 \times 3 \times 3^2 \times 3^2 \times 3^2$

$= 3 \times 3 \times 3 \times 3 \times 3 \times 3 \times 3 \times 3$

$= 3^8$

2. La fraction 7/2 divisée par 3/4 est égale à :

a) 14/3

b) 21/8

c) 7/6

d) 7/24

Explication :

En mathématiques, diviser par une fraction revient à multiplier par l'inverse de cette fraction.

Donc :

$7/2 \div 3/4$

$= 7/2 \times 4/3$

Fusion en une seule fraction

$= (7 \times 4)/(2 \times 3)$

$= 28/6$

Simplification de la fraction

$= (14 \times 2)/(3 \times 2)$

$= 14/3$

3. Quelle est la forme développée de l'expression $(5x + 1)(2x^2 - 5) + 5(2x - x^2)$? ✪

a) $10x^3 - 3x^2 - 15x - 5$

b) $10x^3 + 2x^2 + 15$

c) $12x^2 + 10x + 15$

d) $x^3 + 2x^2 + 5x + 5$

Explication :

$(5x + 1)(2x^2 - 5) + 5(2x - x^2)$

$= 5x \times 2x^2 + 1 \times 2x^2 + 5x \times (-5) + 1 \times (-5) + 5 \times 2x + 5 \times (-x^2)$

$= 10x^3 + 2x^2 + (-25x) + (-5) + 10x + (-5x^2)$

$= 10x^3 + 2x^2 - 25x - 5 + 10x - 5x^2$

$= 10x^3 + 2x^2 - 5x^2 + 10x - 25x - 5$

$= 10x^3 - 3x^2 - 15x - 5$

4. Quel est le nombre qui, étant augmenté de 24, devient cinq fois plus grand qu'il ne l'était auparavant ?

a) 1

b) 15

c) 6

d) 26

Explication :

$6 + 24 = 30$

$30/5 = 6$

5. Quel est le plus grand diviseur commun entre 1 001 et 2 310 ?

a) 77

b) 39

c) 442

d) 156

6. Quel est le plus petit diviseur commun entre 1 001 et 2 310 ?

a) 5

b) 7

c) 9

d) 11

7. Le couple (2,-2) est la solution du système : ✪

a) $x + 2y = -2$ et $2x + 4y = -4$ et $x + 5y = -8$

b) $5x + 2y = 6$ et $3x - 2y = 6$ et $4x + 5y = 15$

c) $x + y = 3$ et $x - 2y = -6$ et $7x - 3y = 9$

d) $-2x + 5y = 2$ et $x + y = 0$ et $x + 3y = 5$

Explication :

Ici, il faut calculer chaque proposition a), b), c) et d). Puis choisir la seule qui est juste.

8. On sait que la largeur d'un rectangle est le quart de sa longueur et qu'elle mesure 30 cm de moins que sa longueur. Quelle est l'aire du rectangle ? ✪

a) 2 dm^2

b) 7,5 cm^2

c) 4 dm^2

d) 40 cm^2

Explication :

Soit x la longueur du rectangle et y la largeur. Pour déterminer sa longueur, on sait que la largeur du rectangle est égale au quart de la longueur et qu'elle mesure 30 cm de moins que celle-ci.

Donc, $y = 1/4x$

$y = x - 30$

Par conséquent, si y est égal aux deux expressions figurant ci-dessus, les deux expressions sont elles aussi égales : $1/4x = x - 30$

$1/4x \times 4 = (x - 30) \times 4$

$1/4x \times 4 = x \times 4 - 30 \times 4$

$x = 4x - 120$

$x - 4x = 4x - 4x - 120 - 3x = - 120$

$3x = 120$

$3x/3 = 120/3$

$x = 40$ *cm*

La longueur du rectangle est donc de 40 cm.

Concernant la largeur du rectangle :

$y = 1/4x$

$y = x - 30$

$y = 1/4 \times 40 = 1/4 \times 40/1 = (1 \times 40)/(4 \times 1) = 40/4 = 10$ *cm*

$y = 40 - 30 = 10$ *cm*

Donc, la largeur du rectangle est de 10 cm.

L'aire A du rectangle est égale à sa longueur multipliée par sa largeur :

$A = x \times y$

$A = 40 \times 10$

$A = 400\ cm^2$

Donc $400\ cm^2 = 4\ dm^2$

9. La distance entre deux gares ferroviaires sur une carte à l'échelle 1/500 000e est de 2,4 cm. Quelle est la distance réelle entre ces deux gares ?

a) 12 km

b) 48 km

c) 120 km

d) 480 km

Explication :

500 000 × 2,4 = 1 200 000 cm = 12 000 m = 12 km

10. $(-3)^5$ = ? ✪

a) 81

b) -81

c) -243

d) 243

Explication :

$(-3)^5 = (-3) \times (-3) \times (-3) \times (-3) \times (-3)$

$= -(-9) \times -(-9) \times (-3)$

$= 9 \times 9 \times (-3)$

$= 81 \times (-3)$

$= -243$

11. Dans un triangle ABC rectangle en A tel que [AB] = 4 et [AC] = 3, combien mesure [BC] ?

a) 3

b) 4

c) 5

d) 2

Explication :
Si l'angle droit est en A, l'hypoténuse (le plus grand côté du triangle) se situe à l'opposé et est donc [BC].
Or, en application du théorème de Pythagore, le carré de [BC] est égal à la somme des carrés des deux autres côtés, [AB] et [AC].
Donc :
$BC^2 = AB^2 + AC^2$
$BC^2 = 4^2 + 3^2$
$BC^2 = 16 + 9$
$BC^2 = 25$
$BC = 5$

12. Parmi ces nombres, un seul est un nombre premier. Lequel ?
a) 43
b) 44
c) 45
d) 46

Explication :
Un nombre premier est un nombre qui ne peut être divisé que par lui-même ou par 1.

13. Une personne a 360 000 euros. Elle en place les deux tiers à 4,5 % et le reste à 3 %. Quel est son revenu annuel ?
a) 14 400 euros
b) 12 800 euros
c) 14 800 euros
d) 27 000 euros

Explication :
360 000 × 2/3 = 360 000 × 2 ÷ 3 = 720 000/3 = 240 000 euros
360 000 – 240 000 = 120 000 euros
240 000 × 4,5 % = 240 000 × 4,5/100 = 240 000 × 0,045 = 10 800 euros
120 000 × 3 % = 120 000 × 3/100 = 120 000 × 0,03 = 3 600 euros
10 800 + 3 600 = 14 400 euros

14. La fraction 9/5 peut être exprimée en pourcentage. Le résultat est :

a) 9,5 %

b) 45 %

c) 95 %

d) 180 %

Explication :

9/5 = 1,8

15. Diviser un nombre par 0,25 équivaut à :

a) Le multiplier par 2,5

b) Le multiplier par 5

c) Le multiplier par 4

d) Le diviser par 2 et le multiplier par 10

Explication :

0,25 = 1/4

Raisonnement

1. Quel est l'élément suivant : 1 - 5 - 8 - 10 - ?

a) 11

b) 12

c) 13

d) 14

Explication :

(1 - 5) + 4

(5 - 8) + 3

(8 - 10) + 2

(10 - ?) + 1

11

2. Quel est l'élément suivant : 1 - 5 - 6 - 11 - ?

a) 11
b) 13
c) 15
d) 17

Explication :
1 + 5 = 6
5 + 6 = 11
Et ainsi 6 + 11 = 17

3. Quel est l'élément suivant : 4 - 5 - 6 - 8 - ?

a) 10
b) 11
c) 12
d) 13

Explication :
La série peut être lue avec 1 nombre sur 2.
4 à 6 = + 2
5 à 8 = + 3
6 à ? = + 4
ainsi ? = 10

4. Quel est l'intrus ?

a) Tourbe
b) Marne
c) Glaise
d) Granit

Explication :
Tourbe : 6 lettres
Marne : 5 lettres
Glaise : 6 lettres
Granit : 6 lettres

5. Paul a deux fois l'âge de sa sœur Anne. Il a trois fois l'âge de son petit frère Simon. Si on additionne l'âge de Paul, d'Anne et de Simon, on obtient la moitié de l'âge de leur père. Sachant que la mère de Paul a 6 ans de plus que son père, quel est l'âge du père de Paul ? ✪

a) 26 ans

b) 36 ans

c) 46 ans

d) Impossible à déterminer

Explication :

Il est impossible de déterminer la réponse car nous avons ici un système de 4 équations à 5 inconnues (les 5 âges).

6. Paul vient d'acheter un paquet de bonbons bariolés. Trouvant leur goût excellent, il décide d'en donner 5 à sa sœur Anne, 6 à son frère Simon et, à son ami Pierre, plus qu'à Anne et à Simon réunis. Combien le paquet contient-il de bonbons au minimum ?

a) 23

b) 24

c) 25

d) Impossible à déterminer

Explication :

Anne a 5 bonbons.

Simon a 6 bonbons.

Paul en donne plus qu'à Anne et Simon réunis. Donc, il en donne au minimum 12.

Par conséquent, 5 + 6 + 12 = 23

Mais, Paul a mangé des bonbons (« Trouvant leur goût excellent »), donc au minimum 2.

23 + 2 = 25

7. Si Ève se traduit par le chiffre 32, que vaut Adam ?

a) 12

b) 23

c) 19

d) 21

Explication :
Ici, on remplace par la place de la lettre dans l'alphabet :

A	B	C	D	E	F	G	H	I	J	K	L	M	N	O	P	Q	R	S	T	U	V	W	X	Y	Z
1	2	3	4	5	6	7	8	9	10	11	12	13	14	15	16	17	18	19	20	21	22	23	24	25	26

EVE = 5 + 22 + 5 = 32
ADAM = 1 + 4 + 1 + 13 = 19

8. Quel est l'intrus ?

a) HVCERE
b) EANUGRIM
c) VCAEH
d) LTEMU

Explication :
Cet exercice met en présence quatre anagrammes :
HVCERE = CHEVRE
EANUGRIM = MANGUIER
VCAEH = VACHE
LTEMU = MULET
Chèvre, vache, mulet sont des animaux.

9. Un libraire achète un livre 20 euros, le vend 25 euros, le rachète 30 euros et le revend 35 euros. Quel est son bénéfice ?

a) 10 euros
b) 50 euros
c) 5 euros
d) 25 euros

Explication :
Achat du livre à 20 euros et revente 25 = 5 euros de bénéfice.
Achat livre à 30 euros et revente 35 = 5 euros de bénéfice.
Bénéfice total : 5 + 5 = 10 euros.

10. Si ARNAUD se transpose en 118141214, comment écrire MIREILLE ?

a) 14378511254

b) 21145141511

c) 139185912125

d) 1141518224

Explication :

Ici, on remplace à nouveau par la place de la lettre dans l'alphabet :

A	B	C	D	E	F	G	H	I	J	K	L	M	N	O	P	Q	R	S	T	U	V	W	X	Y	Z
1	2	3	4	5	6	7	8	9	10	11	12	13	14	15	16	17	18	19	20	21	22	23	24	25	26

ARNAUD

A 1 R 18 N 14 A 1 U 21 D4

MIREILLE

M 13 I 9 R 18 E 5 I 9L 12L 12 E 5

SUJET INÉDIT N° 4 DE L'ÉPREUVE DE QCM DE PRÉ-ADMISSIBILITÉ

Durée : 1 h 30.
Coefficient 1.
L'usage de la calculatrice est interdit.

Orthographe, vocabulaire et grammaire

1. Quel est le mot mal orthographié ?

a) La montée
b) La jetée
c) La gaietée
d) La dictée

2. Se dit de mots qui se prononcent exactement de la même manière mais n'ont pas le même sens :

a) Métaphore
b) Pléonasme
c) Homonyme
d) Homogène

3. Lequel des ces mots finissant par « al » ne se termine pas par « aux » au pluriel ?

a) Chacal
b) Journal
c) Cheval
d) Canal

4. La quintessence, c'est :

a) Un grand plaisir
b) La plus grosse partie de quelque chose
c) Un nouveau carburant
d) L'essentiel et le plus pur de quelque chose

5. Trouver la bonne orthographe :

a) Autochtone
b) Autocthone
c) Authoctone
d) Otocthone

6. Quelle phrase est au plus-que-parfait de l'indicatif ?

a) Les rafales ont emporté les toits.
b) Les rafales emportèrent les toits.
c) Les rafales avaient emporté les toits.
d) Les rafales emportaient les toits.

7. Quel nom est mal orthographié ?

a) Statistitien
b) Politicien
c) Martien
d) Batracien

8. Orthographier correctement le verbe « créer », conjugué à l'impératif présent dans la phrase suivante : « ... ton entreprise ! »

a) Crées
b) Crée
c) Cré
d) Créées

9. Trouver la bonne orthographe :

A) Du papier de...
B) Être content de...
C) Malgré...
D) ... l'un... l'autre
1 - Soit
2 - Sois
3 - Soi
4 - Soie
a) A4, B2, C2, D3
b) A3, B3, C3, D1
c) A4, B3, C3, D1
d) A4, B2, C2, D1

10. Dans la phrase « je vous saurai gré », le verbe savoir est conjugué au :

a) Subjonctif présent
b) Conditionnel présent
c) Futur simple
d) Conditionnel futur

11. Qu'est-ce qu'un « truisme » ? ✪

a) L'expression d'une idée par son contraire

b) Une figure de rhétorique qui consiste à atténuer l'expression de sa pensée

c) Un porcelet mâle

d) Une vérité évidente

12. Trouver la bonne réponse :

A) ... malade, elle travaille

B) ... vous fassiez, il recommencera

C) il mangera... de gâteaux

1 - Quoi que

2 - Quoique

3 - D'avantage

4 - Davantage

a) A1, B2, C3

b) A2, B1, C4

c) A2, B2, C4

13. Trouver la ligne correctement orthographiée (conjugaison au présent de l'indicatif) :

a) Je joins, je résous, je gèle, je vaincs

b) Je joinds, je résouds, je gèle, je vainc

c) Je joins, je résouds, je gèle, je vaincs

d) Je joinds, je résous, je gelé, je vainc

14. « Éminent » et « imminent » sont des :

a) Paronymes

b) Homonymes

c) Anagrammes

d) Antonymes

15. « Que » peut être un pronom relatif ou une conjonction de subordination. Parmi les propositions suivantes, indiquer celle dans laquelle « que » est un pronom relatif :

a) Ils ont l'espoir que le spectacle sera palpitant.

b) Les supporters souhaitent que leur équipe l'emporte.

c) Tout le stade résonne des cris que pousse la foule.

d) Un commentateur annonce que la rencontre va commencer.

Connaissances générales

1. Prague est une ville de :

a) Pologne
b) Roumanie
c) République tchèque
d) Bulgarie

2. Laquelle de ces îles n'est pas un département d'outre-mer ?

a) La Nouvelle-Calédonie
b) La Guadeloupe
c) La Réunion
d) La Martinique

3. Dans quel département est situé le Mont-Saint-Michel ?

a) L'Ille-et-Vilaine
b) Les Côtes-d'Armor
c) Le Finistère
d) La Manche

4. De quel pays le Japon est-il le plus proche ?

a) La Corée du Sud
b) L'Australie
c) L'Iran
d) L'Inde

5. Lequel de ces acteurs n'a pas interprété James Bond au cinéma ?

a) Pierce Brosnan
b) George Lazenby
c) Ben Affleck
d) Timothy Dalton

6. Quelle épreuve sportive est appelée la Grande Boucle ?

a) Le Tour de France
b) Les 24 Heures du Mans
c) Le tournoi de Bercy
d) Le Prix d'Amérique

7. Sur quel produit percevait-on au Moyen Âge l'impôt appelé « gabelle » ?

a) Le sucre
b) Le sel
c) Les terres cultivables
d) La production de bétail

8. La molécule d'eau pure est composée :

a) D'azote et d'oxygène
b) D'azote et d'hydrogène
c) D'hydrogène et d'oxygène
d) D'oxygène et de carbone

9. Quel est le fondateur de la Ve République ?

a) Alain Poher
b) René Coty
c) Charles de Gaulle
d) Georges Pompidou

10. Le mépris ou la haine envers les hommes s'appelle :

a) L'androgynie
b) La misogynie
c) La misandrie
d) L'homophobie

11. Quelle est la langue parlée au Brésil ?

a) Le portugais
b) L'espagnol
c) L'anglais
d) Le français

12. La ville de Strasbourg se trouve dans :

a) La Moselle
b) Le Haut-Rhin
c) Le Bas-Rhin
d) Les Vosges

13. Le peuple tamoul vit :

a) Au Pakistan
b) En Thaïlande
c) Au Bangladesh
d) Au Sri Lanka

14. La taxe intérieure sur les produits pétroliers est perçue par :

a) L'administration des douanes
b) L'administration des impôts
c) L'administration du trésor
d) La DRIRE

15. Pour ne plus avoir la limitation de puissance du permis moto, il faut :

a) Avoir plus de 21 ans
b) Conduire depuis plus de deux ans
c) Avoir plus de 21 ans et avoir conduit depuis plus de deux ans
d) Avoir plus de 21 ans ou avoir conduit depuis plus de deux ans

16. Quels accords ont mis fin à la guerre d'Algérie ?

a) Les accords de Genève
b) Les accords d'Évian
c) Les accords d'Alger
d) La conférence de Nice

17. Quel a été le nombre de morts civils et militaires pendant la Seconde Guerre mondiale ?

a) 8 millions
b) 18 millions
c) 28 millions
d) 60 millions

18. Quel président a pris la décision en 1945 d'utiliser l'arme atomique contre le Japon ?

a) Franklin D. Roosevelt
b) Harry S. Truman
c) John F. Kennedy
d) George Bush

19. Qui a créé la statue de la Liberté ?
a) Claude Nicolas Ledoux
b) Auguste Bartholdi
c) Raymond Aron
d) François Mansart

20. Comment se nommait le secrétaire général de l'ONU jusqu'en 2011 ?
a) Élisabeth Badinter
b) Dominique Strauss-Kahn
c) Kofi Annan
d) Ban Ki-Moon

Calcul

1. Calculer la somme de 247 + 999 :
a) 1 246
b) 1 236
c) 1 226
d) 1 216

2. Quel nombre n'est pas un multiple de 7 ?
a) 1 694
b) 693
c) 454
d) 623

3. Si $x^2 < 16$, alors :
a) $x < 4$
b) $0 > x > 4$
c) $0 < x < 4$
d) $-4 < x < 4$

4. Sylvain doit peindre un mur de 12 m de long sur 8 m de haut. Il choisit une peinture vendue par pot de 5 l, ayant un pouvoir couvrant de 3 m^2 au litre. Combien de pots de peinture devra-t-il acheter au minimum pour peindre entièrement le mur ?
a) 4
b) 5
c) 6
d) 7

5. Combien pèse un mètre cube d'eau ?

a) 10 kg
b) 100 kg
c) 1 tonne
d) 10 tonnes

6. Calculer 10 752/256 :

a) 7
b) 21
c) 42
d) 63

7. Quel est le résultat de l'opération suivante : 56 - 12 × 2 + 4 ?

a) 36
b) 92
c) -16
d) 264

8. 14 hectares égale :

a) 1 400 m^2
b) 14 000 m^2
c) 0,14 are
d) 140 000 m^2

9. 0,002 × 0,042 égale :

a) 0,0084
b) 0,00084
c) 0,000084
d) 0,0000084

10. L'expression $\sqrt{27} \times \sqrt{3} \times \sqrt{36} \times \sqrt{12}$ a pour résultat : ✪

a) 186
b) $3 \times 3\sqrt{3}$
c) $54 \times 2\sqrt{3}$
d) $12 \times 3\sqrt{2}$

11. Si a, b, c, d et e sont cinq nombres tels que : a = 3,584, b = - 4,458, c = 3,27, d = - 3,245 et e = 3,3, alors on peut dire que :

a) d < b < e < c < a

b) b < d < a < c < e

c) b < d < e < c < a

d) b < d < c < e < a

12. Calculer le résultat suivant : 4 × (92-((12-7) × (5 + 7))) + 7 × 2 :

a) 142

b) 168

c) 112

d) 724

13. Calculer la somme des côtés du triangle rectangle BDE sachant les paramètres indiqués ci-dessous :

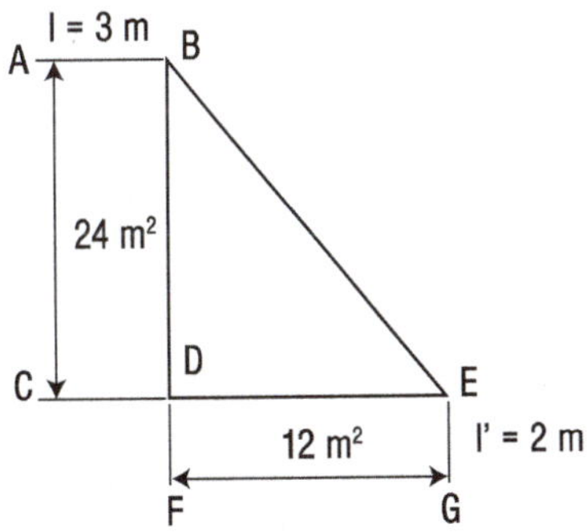

Le rectangle ABDC a une surface de 24 m² et une largeur de 3 m. Le rectangle DEGF a une surface de 12 m² et une largeur de 2 m.

a) 24 m

b) 27 m

c) 36 m

d) 10 m

14. 5 874 dl égale :

a) 5 874 cm^3

b) 58 740 cm^3

c) 587 400 cm^3

d) 5 874 000 cm^3

15. Quel est le volume d'une boule de glace parfaitement sphérique sachant qu'elle a un diamètre de 4 cm ?

a) $256\pi/3$

b) 32π

c) $32\pi/3$

d) $23\pi/3$

Logique

1. Trouver l'intrus :

a) Camille

b) Claude

c) Dominique

d) Jean

2. Trouver le nombre suivant dans la liste 2 - 4 - 16 - 256 ?

a) 512

b) 1 024

c) 2 056

d) 65 536

3. Trouver l'intrus :

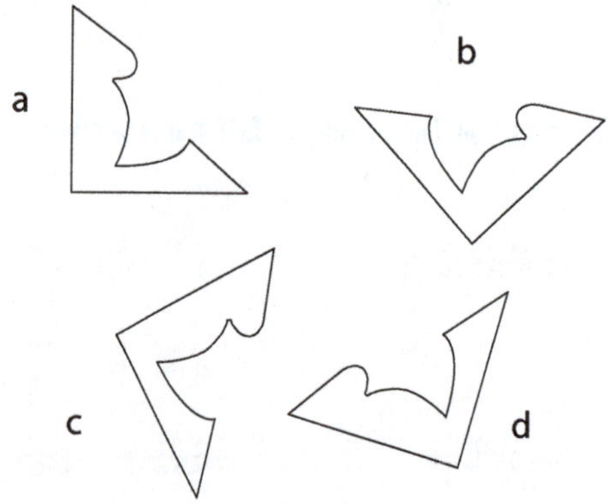

a)

b)

c)

d)

4. Trouver la carte manquante :

a) Le deux de carreau
b) L'as de trèfle
c) Le sept de trèfle
d) Le roi de trèfle

5. Si CARNAGE vaut 311814175, alors MASSACRE vaut :

a) 8522501115411
b) 1843222156119
c) 131191913185
d) 44411354581452

6. Déterminer le dernier domino :

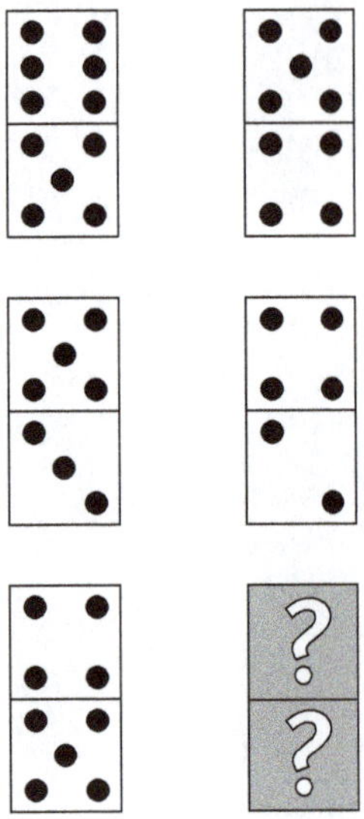

a)
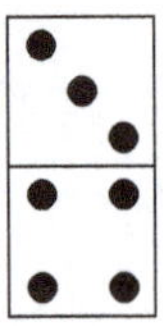

b)
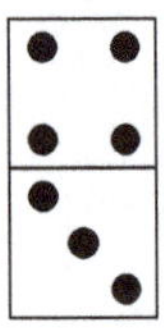

c)
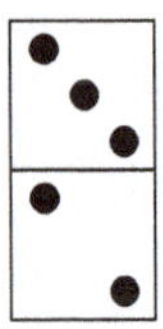

d)
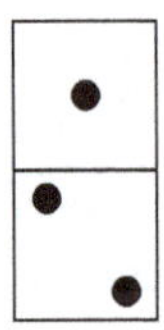

7. Compléter cette suite : a, z, e, r…

a) g
b) t
c) x
d) y

8. Soit la série de dessins suivante : ✪

1 2 3 4 5

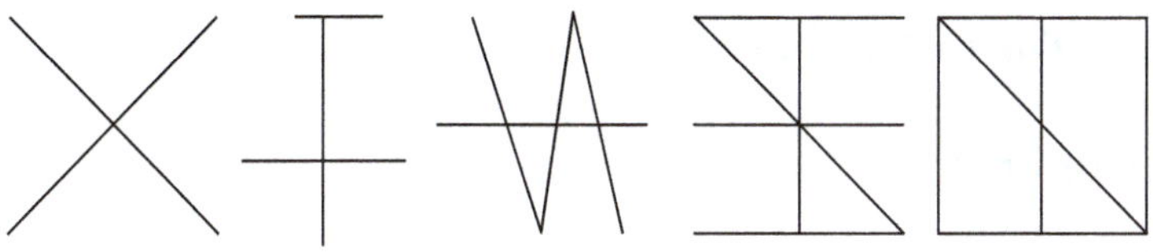

a) b) c) d)

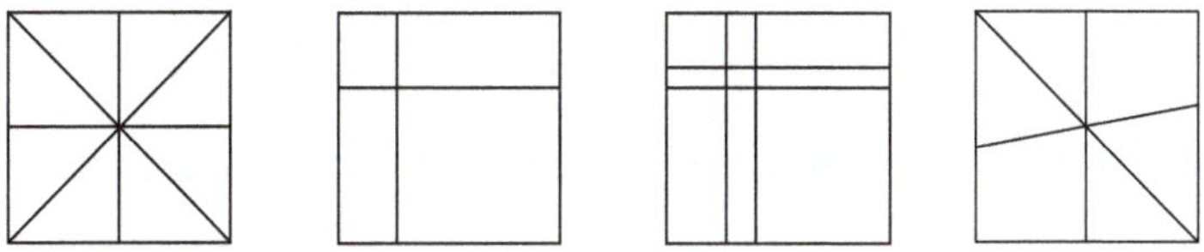

9. Un agent immobilier vend un terrain et une maison bâtie dessus 200 000 euros. Sachant que la maison vaut 120 000 euros de plus que le terrain, combien vaut le terrain ?

a) 40 000 euros

b) 80 000 euros

e) 120 000 euros

d) 200 000 euros

10. Soit un cube de longueur de côté R. Quel devrait être le rayon r par rapport à R d'une sphère enfermée dans le cube pour que le volume de la sphère soit un tiers de celui du cube ? ✪

a) $r = \frac{R}{3}$

b) $r = \pi^3 \times \frac{R}{3}$

c) $r = \frac{R}{\sqrt[3]{4 \times \pi}}$

d) $r = \frac{\sqrt[3]{4 \times \pi}}{3 \times 4}$

CORRIGÉ DU SUJET INÉDIT N° 4 DE L'ÉPREUVE DE QCM DE PRÉ-ADMISSIBILITÉ

Orthographe, vocabulaire et grammaire

1. Quel est le mot mal orthographié ?

a) La montée

b) La jetée

c) La gaietée

d) La dictée

2. Se dit de mots qui se prononcent exactement de la même manière mais n'ont pas le même sens :

a) Métaphore

b) Pléonasme

c) Homonyme

d) Homogène

3. Lequel des ces mots finissant par « al » ne se termine pas par « aux » au pluriel ?

a) Chacal

b) Journal

c) Cheval

d) Canal

4. La quintessence, c'est :

a) Un grand plaisir

b) La plus grosse partie de quelque chose

c) Un nouveau carburant

d) L'essentiel et le plus pur de quelque chose

5. Trouver la bonne orthographe :

a) Autochtone

b) Autocthone

c) Authoctone

d) Otocthone

6. Quelle phrase est au plus-que-parfait de l'indicatif ?

a) Les rafales ont emporté les toits.

b) Les rafales emportèrent les toits.

c) Les rafales avaient emporté les toits.

d) Les rafales emportaient les toits.

7. Quel nom est mal orthographié ?

a) Statistitien

b) Politicien

c) Martien

d) Batracien

8. Orthographier correctement le verbe « créer », conjugué à l'impératif présent dans la phrase suivante : « ... ton entreprise ! »

a) Crées

b) Crée

c) Cré

d) Créées

9. Trouver la bonne orthographe :

A) Du papier de...

B) Être content de...

C) Malgré...

D) ... l'un... l'autre

1 - Soit

2 - Sois

3 - Soi

4 - Soie

a) A4, B2, C2, D3

b) A3, B3, C3, D1

c) A4, B3, C3, D1

d) A4, B2, C2, D1

10. Dans la phrase « je vous saurai gré », le verbe savoir est conjugué au :

a) Subjonctif présent

b) Conditionnel présent

c) Futur simple

d) Conditionnel futur

11. Qu'est-ce qu'un « truisme » ? ✪

a) L'expression d'une idée par son contraire

b) Une figure de rhétorique qui consiste à atténuer l'expression de sa pensée

c) Un porcelet mâle

d) Une vérité évidente

12. Trouver la bonne réponse :

A) ... malade, elle travaille

B) ... vous fassiez, il recommencera

C) il mangera... de gâteaux

1 - Quoi que

2 - Quoique

3 - D'avantage

4 - Davantage

a) A1, B2, C3

b) A2, B1, C4

c) A2, B2, C4

13. Trouver la ligne correctement orthographiée (conjugaison au présent de l'indicatif) :

a) Je joins, je résous, je gèle, je vaincs

b) Je joinds, je résouds, je gèle, je vainc

c) Je joins, je résouds, je gèle, je vaincs

d) Je joinds, je résous, je gelé, je vainc

14. « Éminent » et « imminent » sont des :

a) Paronymes

b) Homonymes

c) Anagrammes

d) Antonymes

Explication :
Un paronyme est un mot ressemblant, notamment sur le plan phonétique, à un autre.

15. « Que » peut être un pronom relatif ou une conjonction de subordination. Parmi les propositions suivantes, indiquer celle dans laquelle « que » est un pronom relatif :

a) Ils ont l'espoir que le spectacle sera palpitant.

b) Les supporters souhaitent que leur équipe l'emporte.

c) Tout le stade résonne des cris que pousse la foule.

d) Un commentateur annonce que la rencontre va commencer.

Connaissances générales

1. Prague est une ville de :

a) Pologne

b) Roumanie

c) République tchèque

d) Bulgarie

2. Laquelle de ces îles n'est pas un département d'outre-mer ?

a) La Nouvelle-Calédonie

b) La Guadeloupe

c) La Réunion

d) La Martinique

Explication :

La Nouvelle-Calédonie dispose d'un statut particulier lui donnant une large autonomie.

3. Dans quel département est situé le Mont-Saint-Michel ?

a) L'Ille-et-Vilaine

b) Les Côtes-d'Armor

c) Le Finistère

d) La Manche

4. De quel pays le Japon est-il le plus proche ?

a) La Corée du Sud

b) L'Australie

c) L'Iran

d) L'Inde

5. Lequel de ces acteurs n'a pas interprété James Bond au cinéma ?

a) Pierce Brosnan

b) George Lazenby

c) Ben Affleck

d) Timothy Dalton

6. Quelle épreuve sportive est appelée la Grande Boucle ?

a) Le Tour de France

b) Les 24 Heures du Mans

c) Le tournoi de Bercy

d) Le Prix d'Amérique

7. Sur quel produit percevait-on au Moyen Âge l'impôt appelé « gabelle » ?

a) Le sucre

b) Le sel

c) Les terres cultivables

d) La production de bétail

8. La molécule d'eau pure est composée :

a) D'azote et d'oxygène

b) D'azote et d'hydrogène

c) D'hydrogène et d'oxygène

d) D'oxygène et de carbone

9. Quel est le fondateur de la Ve République ?

a) Alain Poher

b) René Coty

c) Charles de Gaulle

d) Georges Pompidou

Explication
En 1958.

10. Le mépris ou la haine envers les hommes s'appelle :

a) L'androgynie

b) La misogynie

c) La misandrie

d) L'homophobie

11. Quelle est la langue parlée au Brésil ?

a) Le portugais
b) L'espagnol
c) L'anglais
d) Le français

12. La ville de Strasbourg se trouve dans :

a) La Moselle
b) Le Haut-Rhin
c) Le Bas-Rhin
d) Les Vosges

13. Le peuple tamoul vit :

a) Au Pakistan
b) En Thaïlande
c) Au Bangladesh
d) Au Sri Lanka

14. La taxe intérieure sur les produits pétroliers est perçue par :

a) L'administration des douanes
b) L'administration des impôts
c) L'administration du trésor
d) La DRIRE

15. Pour ne plus avoir la limitation de puissance du permis moto, il faut :

a) Avoir plus de 21 ans
b) Conduire depuis plus de deux ans
c) Avoir plus de 21 ans et avoir conduit depuis plus de deux ans
d) Avoir plus de 21 ans ou avoir conduit depuis plus de deux ans

16. Quels accords ont mis fin à la guerre d'Algérie ?

a) Les accords de Genève
b) Les accords d'Évian
c) Les accords d'Alger
d) La conférence de Nice

Explication :
En 1962.

17. Quel a été le nombre de morts civils et militaires pendant la Seconde Guerre mondiale ?

a) 8 millions

b) 18 millions

c) 28 millions

d) 60 millions

18. Quel président a pris la décision en 1945 d'utiliser l'arme atomique contre le Japon ?

a) Franklin D. Roosevelt

b) Harry S. Truman

c) John F. Kennedy

d) George Bush

19. Qui a créé la statue de la Liberté ?

a) Claude Nicolas Ledoux

b) Auguste Bartholdi

c) Raymond Aron

d) François Mansart

20. Comment se nommait le secrétaire général de l'ONU jusqu'en 2011 ?

a) Élisabeth Badinter

b) Dominique Strauss-Kahn

c) Kofi Annan

d) Ban Ki-Moon

Calcul

1. Calculer la somme de 247 + 999 :

a) 1 246

b) 1 236

c) 1 226

d) 1 216

2. Quel nombre n'est pas un multiple de 7 ?

a) 1 694

b) 693

c) 454

d) 623

Explication :
1 694 = 7 × 242
693 = 7 × 99
623 = 7 × 89

3. Si $x^2 < 16$, alors :
a) $x < 4$
b) $0 > x > 4$
c) $0 < x < 4$
d) $-4 < x < 4$

4. Sylvain doit peindre un mur de 12 m de long sur 8 m de haut. Il choisit une peinture vendue par pot de 5 l, ayant un pouvoir couvrant de 3 m^2 au litre. Combien de pots de peinture devra-t-il acheter au minimum pour peindre entièrement le mur ?
a) 4
b) 5
c) 6
d) 7

Explication :
Surface du mur : 12 × 8 = 96 m^2.
Surface couverte par un pot : 3 × 5 = 15 m^2.
96/15 = 6,4

5. Combien pèse un mètre cube d'eau ?
a) 10 kg
b) 100 kg
c) 1 tonne
d) 10 tonnes

Explication :
1 m^3 = 1 000 dm^3
1 dm^3 = 1 l = 1 kg

6. Calculer 10 752/256 :

a) 7

b) 21

c) 42

d) 63

7. Quel est le résultat de l'opération suivante : 56 - 12 × 2 + 4 ?

a) 36

b) 92

c) -16

d) 264

8. 14 hectares égale :

a) 1 400 m^2

b) 14 000 m^2

c) 0,14 are

d) 140 000 m^2

9. 0,002 × 0,042 égale :

a) 0,0084

b) 0,00084

c) 0,000084

d) 0,0000084

10. L'expression $\sqrt{27} \times \sqrt{3} \times \sqrt{36} \times \sqrt{12}$ a pour résultat : ✪

a) 186

b) $3 \times 3\sqrt{3}$

c) $54 \times 2\sqrt{3}$

d) $12 \times 3\sqrt{2}$

Explication :

$\sqrt{27} \times \sqrt{3} \times \sqrt{36} \times \sqrt{12} =$

$\sqrt{(3 \times 9)} \times \sqrt{3} \times 6 \times \sqrt{(3 \times 4)} =$

$3\sqrt{3} \times \sqrt{3} \times 6 \times 2\sqrt{3} =$

$3(\sqrt{3} \times \sqrt{3}) \times 6 \times 2\sqrt{3} =$

$3 \times 3 \times 6 \times 2\sqrt{3} =$

$9 \times 6 \times 2\sqrt{3} =$

$54 \times 2\sqrt{3}$

11. Si a, b, c, d et e sont cinq nombres tels que : a = 3,584, b = - 4,458, c = 3,27, d = - 3,245 et e = 3,3, alors on peut dire que :

a) d < b < e < c < a

b) b < d < a < c < e

c) b < d < e < c < a

d) b < d < c < e < a

12. Calculer le résultat suivant : 4 × (92-((12-7) × (5 + 7))) + 7 × 2 :

a) 142

b) 168

c) 112

d) 724

Explication :

4 × (92 - ((12 - 7) × (5 + 7))) + 7 × 2 =

4 × ((92 - (5 × 12)) + 14 =

4 × (92 - 60) + 14 =

4 × 32 + 14 =

142

13. Calculer la somme des côtés du triangle rectangle BDE sachant les paramètres indiqués ci-dessous :

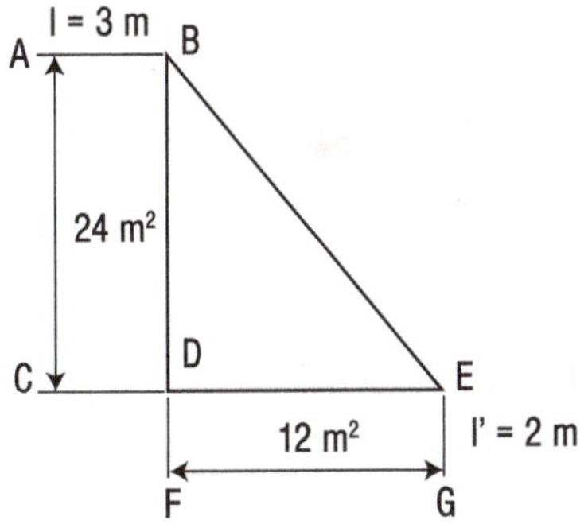

Le rectangle ABDC a une surface de 24 m² et une largeur de 3 m. Le rectangle DEGF a une surface de 12 m² et une largeur de 2 m.

a) 24 m

b) 27 m

c) 36 m

d) 10 m

Explication :
Longueur du côté [BD] : 24/3 = 8 m
Longueur du côté [DE] : 12/2 = 6 m
Si le triangle BDE est rectangle en D, alors l'hypothénuse (côté opposé à l'angle droit) est [BE].
Or, en application du théorème de Pythagore, le carré de l'hypothénuse est égal à la somme des carrés des deux autres côtés.
Donc :
$BE^2 = BD^2 + DE^2$
$BE^2 = 82 + 62$
$BE^2 = 64 + 36$
$BE^2 = 100$
$BE = 10$ m
Par conséquent, la somme des côtés du triangle BDE est : 8 + 6 + 10 = 24 m

14. 5 874 dl égale :
a) 5 874 cm^3
b) 58 740 cm^3
c) 587 400 cm^3
d) 5 874 000 cm^3

15. Quel est le volume d'une boule de glace parfaitement sphérique sachant qu'elle a un diamètre de 4 cm ?
a) $256\pi/3$
b) 32π
c) $32\pi/3$
d) $23\pi/3$

Explication :
La formule de calcul pour le volume d'une sphère est : $(4/3) \times \pi \times R \times R \times R$
Le rayon R de la sphère est ici égal à 2 (le diamètre de 4 divisé par 2)
Le volume V est donc ici de : $(4\pi \times 2^3) / 3$
$V = (4\pi \times 8) / 3$
$V = 32\pi / 3$

Logique

1. Trouver l'intrus :

a) Camille
b) Claude
c) Dominique
d) Jean

Explication :
Jean est le seul prénom ne pouvant être porté à la fois par un homme et une femme.

2. Trouver le nombre suivant dans la liste 2 - 4 - 16 - 256 ?

a) 512
b) 1 024
c) 2 056
d) 65 536

Explication :
Ici, le chiffre précédant de la suite est élevé au carré :
$2^2 = 4$
$4^2 = 16$
$16^2 = 256$

3. Trouver l'intrus :

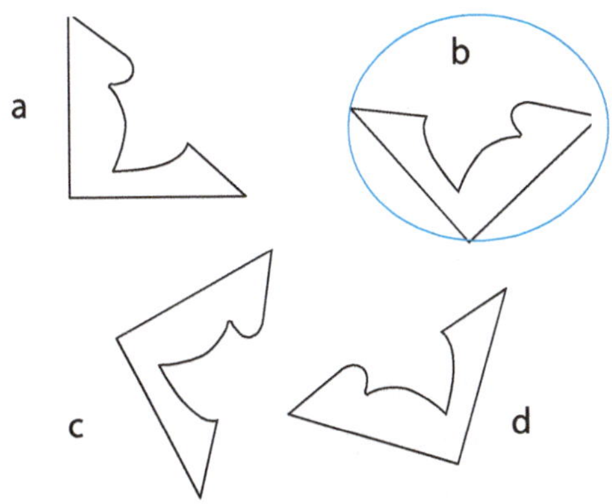

Explication :
Toutes les images sont identiques sauf la figure b), pour laquelle la symétrie est différente.

4. Trouver la carte manquante :

a) Le deux de carreau

b) L'as de trèfle

c) Le sept de trèfle

d) Le roi de trèfle

Explication :

Dans cette suite, il faut lier les cartes entre elles selon le schéma suivant :

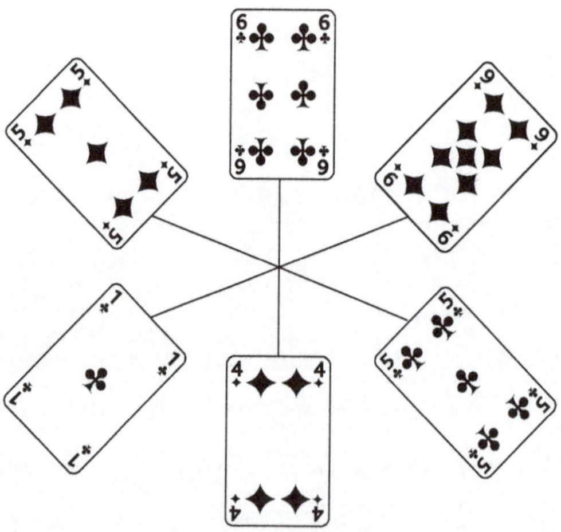

On a alors :

6 + 4 = 10

5 + 5 = 10

9 + ? = 10, donc ? = 1 = un As

5. Si CARNAGE vaut 311814175, alors MASSACRE vaut :

a) 8522501115411

b) 1843222156119

c) 131191913185

d) 44411354581452

Explication :

Pour répondre à cette question, il faut numéroter les lettres en suivant l'ordre alphabétique.

On obtient alors :

CARNAGE vaut 3-1-18-14-17-5.

C = 3
A = 1
R = 18
N = 14
A = 1
G = 7
E = 5

Donc, pour MASSACRE :

M = 13
A = 1
S = 19
S = 19
A = 1
C = 3
R = 18
E = 5

Soit 13-1-19-19-1-3-18-5.

6. Déterminer le dernier domino :

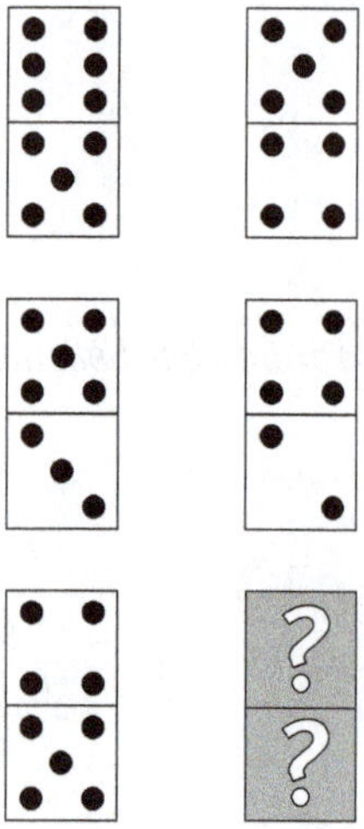

a) b) c) d)

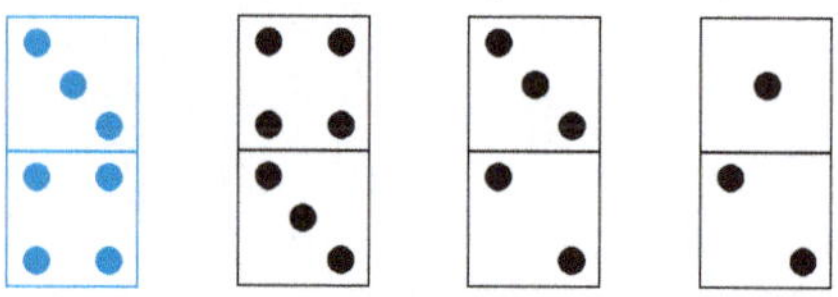

Explication :
Il faut ici observer les dominos se trouvant côte à côte et procéder à des additions.

7. Compléter cette suite : a, z, e, r...

a) g
b) t
c) x
d) y

Explication :
Reproduction des premières lettres d'un clavier : AZERTY.

8. Soit la série de dessins suivante : ✪

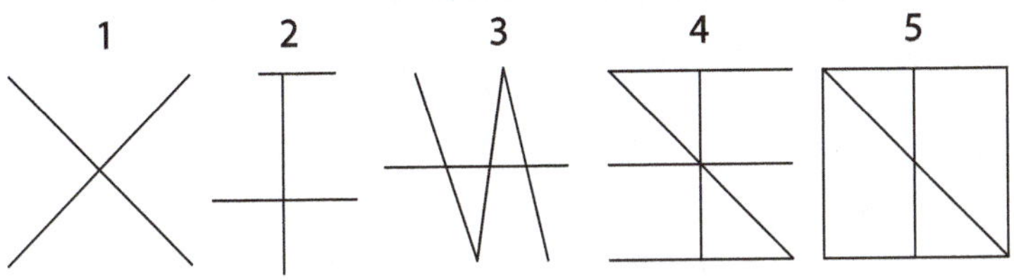

a)

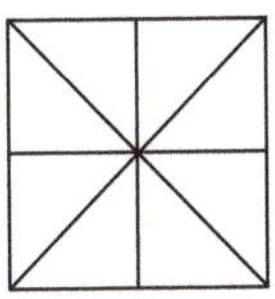

b)

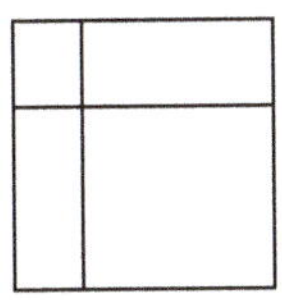

c)

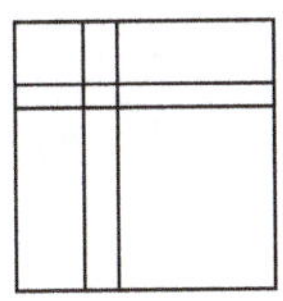

d)

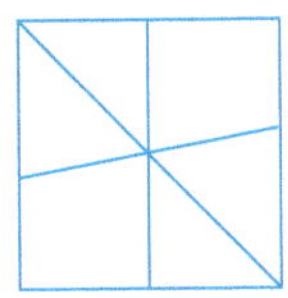

Explication :

Il faut compter le nombre de traits de chaque figure. On observe que chaque figure compte un trait de plus que la figure précédente.

9. Un agent immobilier vend un terrain et une maison bâtie dessus 200 000 euros. Sachant que la maison vaut 120 000 euros de plus que le terrain, combien vaut le terrain ?

a) 40 000 euros

b) 80 000 euros

e) 120 000 euros

d) 200 000 euros

Explication :

Soit M le prix de la maison et T le prix du terrain, nous obtenons :

$T + M = 200\ 000$

$M = 120\ 000 + T$

Donc : $200\ 00 = T + (120\ 000 + T)$

$200\ 000 = 2T + 120\ 000$

$2T = 200\ 000 - 120\ 000$

$2T = 80\ 000$

$T = 40\ 000$

10. Soit un cube de longueur de côté R. Quel devrait être le rayon r par rapport à R d'une sphère enfermée dans le cube pour que le volume de la sphère soit un tiers de celui du cube ? ✪

a) $r = \frac{R}{3}$

b) $r = \pi^3 \times \frac{R}{3}$

c) $r = \frac{R}{\sqrt[3]{4 \times \pi}}$

d) $r = \frac{\sqrt[3]{4 \times \pi}}{3 \times 4}$

Explication :

La formule pour le volume d'un cube est : $R \times R \times R = R^3$

La formule de calcul pour le volume d'une sphère est : $(4/3) \times \pi \times R \times R \times R$

■ SUJET INÉDIT N° 5 DE L'ÉPREUVE DE QCM DE PRÉ-ADMISSIBILITÉ

Durée : 1 h 30
Coefficient 1
L'usage de la calculatrice est interdit

Français

1. Lequel de ces mots est correctement orthographié ?
a) Un huluberlu
b) Un hurluberlu
c) Un uluberlu
d) Un urluberlu

2. Lequel de ces mots est correctement orthographié ? ✪
a) Opprobe
b) Opprobre
c) Oprobe
d) Oprobre

3. Parmi ces sept mots, combien prennent une cédille ?
Menacer, hamecon, francais, lionceau, balancoire, glacon, commercant
a) 4
b) 5
c) 6
d) 7

4. Parmi les mots suivants, lequel est du genre masculin ? ✪
a) Arpège
b) Autoroute
c) Câpre
d) Orbite

5. Quel est le pluriel de « porte-monnaie » ?
a) Porte-monnaie
b) Porte-monnaies
c) Portes-monnaie
d) Portes-monnaies

6. Quelle expression est correctement orthographiée ?

a) Cou de pompe
b) De plein-pied
c) D'ores et déjà
d) Rester coie

7. Compléter la phrase suivante : « leurs ... m'ont ... pendant mon travail »

a) Apartés incessants ... gêné
b) Apartés incessants ... géné
c) Appartées incessantes ... gêné
d) Appartées incessantes ... géné

8. Compléter la phrase suivante : « - Vous n'avez plus d'ennuis ? - Je n'en ai jamais... »

a) Eu
b) Eues
c) Eus
d) Eut

9. Un miroir qui permet de voir sans être vu est dit :

a) Sans tain
b) Sans tein
c) Sans teint
d) Sans tint

10. La définition « qui s'est instruit par lui-même » correspond au mot :

a) Autocentré
b) Autochtone
c) Autodidacte
d) Autographe

11. Laquelle de ces propositions est le futur simple de « prévoir » ?

a) Il prévoiera
b) Il prévoira
c) Il prévoirât
d) Il prévoirra

12. Quel est l'infinitif du verbe conjugué dans l'expression « il tint pour acquis » ?

a) Teindre
b) Tenir
c) Tenter
d) Tinter

13. Quelle phrase est correctement orthographiée à l'impératif ?

a) Ne te retourne pas, va.
b) Ne te retourne pas, vas.
c) Ne te retournes pas, va.
d) Ne te retournes pas, vas.

14. Un prodigue :

a) Est un précurseur
b) Fait des dépenses excessives
c) Montre des talents extraordinaires
d) Prédit l'avenir

Connaissances générales

1. Qui est l'auteur du roman *La Guerre des Mondes* publié en 1898 ?

a) Aldous Huxley
b) H.G. Wells
c) Jules Verne
d) J.R.R Tolkien

2. Qui a écrit le roman *La Bête humaine* ?

a) Emile Zola
b) Gustave Flaubert
c) Guy de Maupassant
d) Victor Hugo

3. La Patagonie est une région géographique qui s'étend sur deux pays d'Amérique du Sud. Lesquels ? ✪

a) Brésil et Bolivie
b) Chili et Argentine
c) Uruguay et Paraguay
d) Venezuela et Colombie

4. Quelle est la capitale de Chypre ? ✪

a) La Valette

b) Larnaca

c) Limassol

d) Nicosie

5. Dans quelle discipline scientifique n'existe-t-il pas d'attribution du prix Nobel ? ✪

a) Chimie

b) Mathématiques

c) Médecine

d) Physique

6. Le palais du Louvre n'a jamais été :

a) Un hôtel de ville

b) Un ministère

c) Un musée

d) Une résidence royale

7. Qui élit le maire d'une commune en France ?

a) Le conseil municipal

b) Le préfet

c) Les adjoints

d) Les électeurs de la commune

8. Quel est le nom du premier homme ayant marché sur la Lune en juillet 1969 ?

a) Buzz Aldrin

b) John Glenn

c) Neil Armstrong

d) Pete Conrad

9. Quelle est actuellement, en montant, la recette fiscale la plus importante dans le budget de l'État, en France ?

a) La contribution sociale généralisée

b) La taxe sur la valeur ajoutée

c) L'impôt sur le revenu

d) L'impôt sur les sociétés

10. Quelle association est incorrecte ?

a) *Corto Maltese* et Enki Bilal
b) *Iznogoud* et Goscinny
c) *Spirou* et Franquin
d) *Titeuf* et Zep

11. Laquelle de ces missions n'est pas assurée par la direction générale des douanes et droits indirects ?

a) Contrôler les déclarations d'impôts sur les sociétés
b) Établir les statistiques du commerce international
c) Participer à la lutte contre le travail illégal
d) Percevoir la TVA sur les produits pétroliers

12. Une fois adopté en Conseil des ministres, à quelle institution est soumis, obligatoirement et en premier lieu, un projet de loi de finances ?

a) L'Assemblée nationale
b) La Cour des comptes
c) Le Conseil constitutionnel
d) Le Sénat

13. Jackson Pollock est : ✪

a) Un ancien Premier ministre australien
b) Un cinéaste anglais
c) Un peintre américain
d) Un sportif sud-africain

14. Lequel de ces organismes n'est pas une institution de l'Union européenne ?

a) La Commission européenne
b) Le Conseil de l'Europe
c) Le Conseil européen
d) Le Parlement européen

Mathématiques

1. Écrire sous la forme d'une seule puissance : $(-8)^{-3}/(-8)^{5}$

a) $(1)^{-3/5}$

b) $(-8)^{2}$

c) $(-8)^{-3/5}$

d) $(-8)^{-8}$

2. Développer et réduire : $(3 + \sqrt{2})^2$ ✪

a) $9 + 6\sqrt{2}$

b) $9 + 7\sqrt{2}$

c) 11

d) $11 + 6\sqrt{2}$

3. En 2019, une entreprise comptait 1 100 salariés. En 2020, les effectifs diminuent de 20 %. Ils augmenteront de 25 % en 2021. Le nombre de salariés sera alors de :

a) 990

b) 1 045

c) 1 100

d) 1 105

4. Une voiture roule à la vitesse constante de 90 km/h. Quelle distance parcourt-elle en 3 secondes ?

a) 25 mètres

b) 75 mètres

c) 250 mètres

d) 750 mètres

5. Hier, Franck a acheté 3 croissants et 5 pains au chocolat pour 11,40 euros. Aujourd'hui, il a acheté 5 croissants et 3 pains au chocolat pour 9,40 euros. Quel est le prix d'un croissant et celui d'un pain au chocolat ? ✪

a) croissant = 0,90 euro et pain au chocolat = 1,70 euro

b) croissant = 1 euro et pain au chocolat = 1,60 euro

c) croissant = 0,80 euro et pain au chocolat = 1,80 euro

d) croissant = 1,10 euro et pain au chocolat = 1,50 euro

6. Factoriser l'expression suivante : $2(x - 1)(2x + 5) - (3x - 3)(4x + 1)$

a) $(x - 1)(16x + 13)$
b) $(x - 1)(16x + 7)$
c) $(x - 1)(-8x + 7)$
d) $(x - 1)(16x - 7)$

7. Soit un solide en cuivre de 61 cm^3 et de 0,47 kg. Quelle est sa masse volumique en g/cm^3, arrondie au centième ?

a) 0,77
b) 7,70
c) 77,05
d) 770,50

8. Une urne contient 6 boules vertes, 2 boules noires, 3 boules blanches et 1 boule jaune. Je prélève une boule. Quelle est la probabilité que cette boule ne soit pas blanche ? ✪

a) 1/2
b) 1/4
c) 3/4
d) 5/12

9. Dans une station de sport d'hiver, 79,2 % des skieurs, soit 495 personnes, ont utilisé, sur une journée, le nouveau téléphérique. Combien de skieurs ont fréquenté la station dans la journée ?

a) 392
b) 416
c) 574
d) 625

10. Résoudre le système suivant :

$$\begin{cases} 4x + 5y = 13 \\ x - y = 1 \end{cases}$$

a) $x = 2$ et $y = 1$
b) $x = 2$ et $y = -1$
c) $x = -2$ et $y = 1$
d) $x = 3$ et $y = -1$

11. Un rectangle est 2 fois plus long que large. Son périmètre est de 240 cm. Quelle est la longueur, en cm, de ce rectangle ?

a) 40

b) 50

c) 60

d) 80

12. La consommation moyenne d'eau par personne et par jour est estimée à 115 litres. Chaque jour, l'eau utilisée pour la douche est en moyenne de 41 litres par personne. Quel pourcentage (arrondi à la deuxième décimale) représente ces 41 litres par rapport à la consommation moyenne d'eau par jour d'une personne ?

a) 2,80 %

b) 11,50 %

c) 28,05 %

d) 35,65 %

13. Une fonction affine f est définie par : $x \longrightarrow ax + 3$.
Si $f(-1) = 7$, quel est le coefficient directeur a ?

a) 2

b) -2

c) 4

d) -4

14. Un joueur de tennis a droit à 2 tentatives pour réussir son service. Il réussit sa première balle de service dans 60 % des cas. Quand il échoue à sa première balle, il réussit la seconde dans 80 % des cas. Quelle est la probabilité qu'il réussisse son service ? ✪

a) 0,72

b) 0,88

c) 0,92

d) 1,40

Logique

1. Quel est le nombre manquant dans cette série ? ✪

ANTONIN = 15

SOPHIE = 24

ANNE = 6

JEAN = 24

LOUISE = ?

a) 14
b) 17
c) 20
d) 24

2. La famille de Pierre comprend : son père, sa mère et leurs parents, ses cinq sœurs dont chacune a un frère. De combien de personnes se compose la famille de Pierre ?

a) 10
b) 12
c) 14
d) 17

3. Si Laura va à Amsterdam, Adrien à Namur et Michel à Londres, où va Emma ?

a) Andorre
b) Belfort
c) Édimbourg
d) Nice

4. Quel est l'intrus ?

a) ENGAGE LE JEU QUE JE LE GAGNE
b) ÉMILE ET SON NOUVEAU PULL ÉLIMÉ
c) ÉSOPE RESTE ICI ET SE REPOSE
d) ET LA MARINE VA VENIR À MALTE

5. Compléter la suite : 3 ; 13 ; 1113 ; 3113 ; 132113 ;...

a) 153121
b) 311323
c) 23213113
d) 1113122113

6. Un enfant place des bâtonnets sur une table et forme l'opération suivante : IX + II = VI. Combien faut-il en déplacer, au minimum, pour obtenir une opération juste ?

a) 1
b) 2
c) 3
d) 4

7. Un pont suspendu ne peut supporter que 100 kg. Un adulte de 80 kg, un second adulte de 60 kg et deux sacs de 25 kg chacun doivent le traverser. Combien de fois le pont sera-t-il traversé pour que les deux adultes et les sacs se retrouvent sur l'autre rive ? ✪

a) 2
b) 3
c) 4
d) 5

8. Arthur est plus petit que Kader, mais plus grand que Charles ; Frédéric est plus petit que Kader, mais plus grand qu'Arthur. Classer, du plus grand au plus petit, les quatre garçons selon leur taille.

a) Arthur, Kader, Charles, Frédéric
b) Kader, Frédéric, Arthur, Charles
c) Charles, Arthur, Frédéric, Kader
d) Charles, Frédéric, Kader, Arthur

9. Si Anne aime les brugnons, Coralie les dattes et Luc les mangues, qu'aime Noémie ?

a) Les ananas
b) Les framboises
c) Les oranges
d) Les pommes

10. Une raquette de tennis et une balle coûtent 110 euros. La raquette coûte 100 euros de plus que la balle. Combien coûte la balle ?

a) 1 euro
b) 5 euros
c) 10 euros
d) 15 euros

11. Le poids d'une brique est égal à 1 kg + 1/2 brique. Combien pèse la brique ?

a) 1 kilo
b) 1,5 kilo
c) 2 kilos
d) 2,5 kilos

12. Un peintre peint un mur en une heure. Combien faut-il de peintre(s) pour peindre 6 murs en 6 heures ?

a) 1
b) 3
c) 4
d) 6

13. Parmi les réponses suivantes, laquelle remplace le X ?
Majordome Menace X Seigneur

a) Cellulite
b) Cellulose
c) Cendre
d) Centime

14. Quel élément complète la suite ? ✪
FMAC GODG HQGK ? JUMS

a) IBAC
b) IRAL
c) ISJO
d) ITUQ

CORRIGÉ DU SUJET INÉDIT N° 5 DE L'ÉPREUVE DE QCM DE PRÉ-ADMISSIBILITÉ

Français

1. Lequel de ces mots est correctement orthographié ?

a) Un huluberlu

b) Un hurluberlu

c) Un uluberlu

d) Un urluberlu

2 Lequel de ces mots est correctement orthographié ? ✪

a) Opprobe

b) Opprobre

c) Oprobe

d) Oprobre

3 Parmi ces sept mots, combien prennent une cédille ?

Menacer, hamecon, francais, lionceau, balancoire, glacon, commercant

a) 4

b) 5

c) 6

d) 7

4. Parmi les mots suivants, lequel est du genre masculin ? ✪

a) Arpège

b) Autoroute

c) Câpre

d) Orbite

5. Quel est le pluriel de « porte-monnaie » ?

a) Porte-monnaie

b) Porte-monnaies

c) Portes-monnaie

d) Portes-monnaies

6. Quelle expression est correctement orthographiée ?

a) Cou de pompe

b) De plein-pied

c) D'ores et déjà

d) Rester coie

7. Compléter la phrase suivante : « leurs ... m'ont ... pendant mon travail »

a) Apartés incessants ... gêné

b) Apartés incessants ... géné

c) Appartées incessantes ... gêné

d) Appartées incessantes ... géné

8. Compléter la phrase suivante : « - Vous n'avez plus d'ennuis ? - Je n'en ai jamais... »

a) Eu

b) Eues

c) Eus

d) Eut

9. Un miroir qui permet de voir sans être vu est dit :

a) Sans tain

b) Sans tein

c) Sans teint

d) Sans tint

10. La définition « qui s'est instruit par lui-même » correspond au mot :

a) Autocentré

b) Autochtone

c) Autodidacte

d) Autographe

11. Laquelle de ces propositions est le futur simple de « prévoir » ?

a) Il prévoiera

b) Il prévoira

c) Il prévoirât

d) Il prévoirra

12. Quel est l'infinitif du verbe conjugué dans l'expression « il tint pour acquis » ?

a) Teindre

b) Tenir

c) Tenter

d) Tinter

13. Quelle phrase est correctement orthographiée à l'impératif ?

a) Ne te retourne pas, va.

b) Ne te retourne pas, vas.

c) Ne te retournes pas, va.

d) Ne te retournes pas, vas.

14. Un prodigue :

a) Est un précurseur

b) Fait des dépenses excessives

c) Montre des talents extraordinaires

d) Prédit l'avenir

Connaissances générales

1. Qui est l'auteur du roman *La Guerre des Mondes* publié en 1898 ?

a) Aldous Huxley

b) H.G. Wells

c) Jules Verne

d) J.R.R Tolkien

2. Qui a écrit le roman *La Bête humaine* ?

a) Emile Zola

b) Gustave Flaubert

c) Guy de Maupassant

d) Victor Hugo

3. La Patagonie est une région géographique qui s'étend sur deux pays d'Amérique du Sud. Lesquels ? ✪

a) Brésil et Bolivie

b) Chili et Argentine

c) Uruguay et Paraguay

d) Venezuela et Colombie

4. Quelle est la capitale de Chypre ? ✪

a) La Valette

b) Larnaca

c) Limassol

d) Nicosie

5. Dans quelle discipline scientifique n'existe-t-il pas d'attribution du prix Nobel ? ✪

a) Chimie

b) Mathématiques

c) Médecine

d) Physique

6. Le palais du Louvre n'a jamais été :

a) Un hôtel de ville

b) Un ministère

c) Un musée

d) Une résidence royale

7. Qui élit le maire d'une commune en France ?

a) Le conseil municipal

b) Le préfet

c) Les adjoints

d) Les électeurs de la commune

8. Quel est le nom du premier homme ayant marché sur la Lune en juillet 1969 ?

a) Buzz Aldrin

b) John Glenn

c) Neil Armstrong

d) Pete Conrad

9. Quelle est actuellement, en montant, la recette fiscale la plus importante dans le budget de l'État, en France ?

a) La contribution sociale généralisée

b) La taxe sur la valeur ajoutée

c) L'impôt sur le revenu

d) L'impôt sur les sociétés

10. Quelle association est incorrecte ?

a) *Corto Maltese* et Enki Bilal

b) *Iznogoud* et Goscinny

c) *Spirou* et Franquin

d) *Titeuf* et Zep

11. Laquelle de ces missions n'est pas assurée par la direction générale des douanes et droits indirects ?

a) Contrôler les déclarations d'impôts sur les sociétés

b) Établir les statistiques du commerce international

c) Participer à la lutte contre le travail illégal

d) Percevoir la TVA sur les produits pétroliers

12. Une fois adopté en Conseil des ministres, à quelle institution est soumis, obligatoirement et en premier lieu, un projet de loi de finances ?

a) L'Assemblée nationale

b) La Cour des comptes

c) Le Conseil constitutionnel

d) Le Sénat

13. Jackson Pollock est : ✪

a) Un ancien Premier ministre australien

b) Un cinéaste anglais

c) Un peintre américain

d) Un sportif sud-africain

14. Lequel de ces organismes n'est pas une institution de l'Union européenne ?

a) La Commission européenne

b) Le Conseil de l'Europe

c) Le Conseil européen

d) Le Parlement européen

Mathématiques

1. Écrire sous la forme d'une seule puissance : $(-8)^{-3}$ / $(-8)^5$

a) $(1)^{-3/5}$
b) $(-8)^2$
c) $(-8)^{-3/5}$
d) (-8)-8

2. Développer et réduire : $(3 + \sqrt{2})^2$ ✪

a) $9 + 6\sqrt{2}$
b) $9 + 7\sqrt{2}$
c) 11
d) $11 + 6\sqrt{2}$

$(3 + \sqrt{2})^2 = 3^2 + 2 \times 3\sqrt{2} + 2 = 9 + 6\sqrt{2} + 2 = 11 + 6\sqrt{2}$

3. En 2019, une entreprise comptait 1 100 salariés. En 2020, les effectifs diminuent de 20 %. Ils augmenteront de 25 % en 2021. Le nombre de salariés sera alors de :

a) 990
b) 1 045
c) 1 100
d) 1 105

1 100 - 20 % = 1 100 × 0,8 = 880
880 + 25 % = 880 × 1,25 = 1 100

4. Une voiture roule à la vitesse constante de 90 km/h. Quelle distance parcourt-elle en 3 secondes ?

a) 25 mètres
b) 75 mètres
c) 250 mètres
d) 750 mètres

Les propositions sont en mètres :
90 k = 90 000 m
1 h = 60 minutes = 3 600 secondes
90 000/3 600 = 25 mètres
en 3 secondes : 25 × 3 = 75 mètres

5. Hier, Franck a acheté 3 croissants et 5 pains au chocolat pour 11,40 euros. Aujourd'hui, il a acheté 5 croissants et 3 pains au chocolat pour 9,40 euros. Quel est le prix d'un croissant et celui d'un pain au chocolat ? ✪

a) croissant = 0,90 euro et pain au chocolat = 1,70 euro
b) croissant = 1 euro et pain au chocolat = 1,60 euro
c) croissant = 0,80 euro et pain au chocolat = 1,80 euro
d) croissant = 1,10 euro et pain au chocolat = 1,50 euro

Soit C le croissant
Soit P le pain au chocolat
$3C + 5P = 11,4$
$5C + 3P = 9,4$
$(3C + 5P = 11,4) \times 5 = 15C + 25P = 57$ *alors* $15C = 57 - 25P$
$(5C + 3P = 9,4) \times 3 = 15C + 9P = 28,2$
$57 - 25P + 9P = 28,2$
$-16P = 28,2 - 57$
$-16P = -28,8$
$P = 1,8$
$C = 0,8$

6. Factoriser l'expression suivante : $2(x - 1)(2x + 5) - (3x - 3)(4x + 1)$

a) $(x - 1)(16x + 13)$
b) $(x - 1)(16x + 7)$
c) $(x - 1)(-8x + 7)$
d) $(x - 1)(16x - 7)$

$2(x - 1)(2x + 5) - (3x - 3)(4x + 1)$
$2(x - 1)(2x + 5) - 3(x - 1)(4x + 1)$
$(x - 1)2(2x + 5) - (x - 1)3(4x + 1)$
$(x - 1)(4x + 10 - 12x - 3)$
$(x - 1)(-8x + 7)$

7. Soit un solide en cuivre de 61 cm^3 et de 0,47 kg. Quelle est sa masse volumique en g/cm^3, arrondie au centième ?

a) 0,77
b) 7,70
c) 77,05
d) 770,50

0,47 kg = 470 g
470/61 = 7,70

8. Une urne contient 6 boules vertes, 2 boules noires, 3 boules blanches et 1 boule jaune. Je prélève une boule. Quelle est la probabilité que cette boule ne soit pas blanche ? ✪

a) 1/2
b) 1/4
c) 3/4
d) 5/12

Au total, il y a 12 boules (6 + 2 + 3 + 1).
Il y a 9 boules non blanches (6 + 2 + 1).
Donc, la probabilité sera de 9/12, soit 3/4.

9. Dans une station de sport d'hiver, 79,2 % des skieurs, soit 495 personnes, ont utilisé, sur une journée, le nouveau téléphérique. Combien de skieurs ont fréquenté la station dans la journée ?

a) 392
b) 416
c) 574
d) 625

Soit x le nombre total de skieurs :
$79{,}2/100 = 495/x$
$79{,}2x = 49\,500$
$x = 49\,500 / 79{,}2 = 625$

10. Résoudre le système suivant :

$$\begin{cases} 4x + 5y = 13 \\ x - y = 1 \end{cases}$$

a) $x = 2$ et $y = 1$
b) $x = 2$ et $y = -1$
c) $x = -2$ et $y = 1$
d) $x = 3$ et $y = -1$

{4x + 5y = 13
{x - y = 1 (x4) soit 4x - 4y = 4
soit 9 / y= 9
y = 1
Alors x = 2

11. Un rectangle est 2 fois plus long que large. Son périmètre est de 240 cm. Quelle est la longueur, en cm, de ce rectangle ?

a) 40
b) 50
c) 60
d) 80

Périmètre : 240 = 80 + 40 + 80 + 40

12. La consommation moyenne d'eau par personne et par jour est estimée à 115 litres. Chaque jour, l'eau utilisée pour la douche est en moyenne de 41 litres par personne. Quel pourcentage (arrondi à la deuxième décimale) représente ces 41 litres par rapport à la consommation moyenne d'eau par jour d'une personne ?

a) 2,80 %
b) 11,50 %
c) 28,05 %
d) 35,65 %

Soit x la consommation moyenne
x/100 = 41/115
Donc 115x = 4 100 soit 35,6521

13. Une fonction affine f est définie par : $x \longrightarrow ax + 3$.
Si $f(-1) = 7$, quel est le coefficient directeur a ?

a) 2
b) -2
c) 4
d) -4

On remplace x par -1
$-a + 3 = 7$
$-a = 7 - 3$
$-a = 4$
$a = -4$

14. Un joueur de tennis a droit à 2 tentatives pour réussir son service. Il réussit sa première balle de service dans 60 % des cas. Quand il échoue à sa première balle, il réussit la seconde dans 80 % des cas. Quelle est la probabilité qu'il réussisse son service ? ✪

a) 0,72
b) 0,88
c) 0,92
d) 1,40

Probabilité de réussite du premier service : 60 %
Échec dans 40 % des cas, mais alors la réussite monte à 80 % des cas :
40 × 0,8 = 32 soit 32 % de réussite
60 % + 32 % = 92 % soit 0,92

Logique

1. Quel est le nombre manquant dans cette série ? ✪

ANTONIN = 15

SOPHIE = 24

ANNE = 6

JEAN = 24

LOUISE = ?

a) 14

b) 17

c) 20

d) 24

Il faut tenir compte de la première lettre et de la dernière lettre de chaque prénom.
Puis prendre leur rang respectif dans l'alphabet.
Puis les additionner et trouver le chiffre.
ANTONIN = 15 soit AN soit 1 + 14 = 15
SOPHIE = 24 soit SE soit 19 + 5 = 24
ANNE = 6 soit AE soit 1 + 5
JEAN = 24 soit JE soit 10 + 14 = 24
LOUISE = soit LE soit 12 + 5 = 17

2. La famille de Pierre comprend : son père, sa mère et leurs parents, ses cinq sœurs dont chacune a un frère. De combien de personnes se compose la famille de Pierre ?

a) 10

b) 12

c) 14

d) 17

Dans la famille de Pierre, il y a « son père, sa mère et leurs parents », ce qui représente déjà 6 personnes (les parents de Pierre et ses quatre grands-parents).
Ensuite, il y a « ses cinq sœurs dont chacune a un frère », soit 6 personnes (les cinq sœurs et Pierre).
Au total, la famille de Pierre comprend 12 personnes.

3. Si Laura va à Amsterdam, Adrien à Namur et Michel à Londres, où va Emma ?

a) Andorre

b) Belfort

c) Édimbourg

d) Nice

La dernière lettre du prénom correspond à la première lettre de la ville.

4. Quel est l'intrus ?

a) ENGAGE LE JEU QUE JE LE GAGNE

b) ÉMILE ET SON NOUVEAU PULL ÉLIMÉ

c) ÉSOPE RESTE ICI ET SE REPOSE

d) ET LA MARINE VA VENIR À MALTE

Le palindrome est une figure de style dans laquelle l'ordre des lettres reste le même que l'on lise de gauche à droite ou de droite à gauche (exemple : kayak).
La proposition B n'est pas un palindrome.

5. Compléter la suite : 3 ; 13 ; 1113 ; 3113 ; 132113 ;...

a) 153121

b) 311323

c) 23213113

d) 1113122113

Dans la suite 3 ; 13 ; 1113 ; 3113 ; 132113 ; ..., on énumère le chiffre précédent (3 = il y a 1 chiffre 3) donc 13
(il y a 1 chiffre 1 et 1 chiffre 3) donc 1113
(il y a 3 chiffres 1 et 1 chiffre 3) donc 3113
(il y a 1 chiffre 3, 2 chiffres 1 et 1 chiffre 3) donc 132113
(il y a 1 chiffre 1, 1 chiffre 3, 1 chiffre 2, 2 chiffres 1, 1 chiffre 3) donc 111322113
La bonne réponse est donc : 1113122113

6. Un enfant place des bâtonnets sur une table et forme l'opération suivante : IX + II = VI. Combien faut-il en déplacer, au minimum, pour obtenir une opération juste ?

a) 1

b) 2

c) 3

d) 4

On peut faire : IX – III = VI, ce qui implique ne déplacer qu'un seul bâtonnet.

7. Un pont suspendu ne peut supporter que 100 kg. Un adulte de 80 kg, un second adulte de 60 kg et deux sacs de 25 kg chacun doivent le traverser. Combien de fois le pont sera-t-il traversé pour que les deux adultes et les sacs se retrouvent sur l'autre rive ? ✪

a) 2

b) 3

c) 4

d) 5

Première traversée = un adulte de 80 kg (aller)
Deuxième traversée = un adulte de 60 kg et un sac de 25 kg (aller)
Troisième traversée = un adulte de 60 kg (retour)
Quatrième traversée = un adulte de 60 kg et un sac de 25 kg (aller)

8. Arthur est plus petit que Kader, mais plus grand que Charles ; Frédéric est plus petit que Kader, mais plus grand qu'Arthur. Classer, du plus grand au plus petit, les quatre garçons selon leur taille.

a) Arthur, Kader, Charles, Frédéric

b) Kader, Frédéric, Arthur, Charles

c) Charles, Arthur, Frédéric, Kader

d) Charles, Frédéric, Kader, Arthur

Arthur est plus petit que Kader, mais plus grand que Charles.
L'ordre de grandeur est donc le suivant :
Kader > Arthur > Charles
Frédéric est plus petit que Kader,mais plus grand qu'Arthur.
L'ordre de grandeur est donc le suivant :
Kader > Frédéric > Arthur > Charles

9. Si Anne aime les brugnons, Coralie les dattes et Luc les mangues, qu'aime Noémie ?

a) Les ananas

b) Les framboises

c) Les oranges

d) Les pommes

L'ordre dans l'alphabet de la première lettre du prénom + 1 correspond à la première lettre du fruit.

10. Une raquette de tennis et une balle coûtent 110 euros. La raquette coûte 100 euros de plus que la balle. Combien coûte la balle ?

a) 1 euro

b) 5 euros

c) 10 euros

d) 15 euros

Soit R le prix de la raquette et B le prix de la balle :

$R + B = 110$

$R = 100 + B.$

Donc :

$R + B = 110$

$(100 + B) + B = 110$

$100 + 2B = 110$

$2B = 110 - 100$

$2B = 10$

$B = 5$

$R = 100 + B = 100 + 5 = 105$

11. Le poids d'une brique est égal à 1 kg + 1/2 brique. Combien pèse la brique ?

a) 1 kilo

b) 1,5 kilo

c) 2 kilos

d) 2,5 kilos

Soit B le poids de la brique :

$B = 1 + 0{,}5B$

$B - 0{,}5B = 1$

$0{,}5B = 1$

$B = 2$

12. Un peintre peint un mur en une heure. Combien faut-il de peintre(s) pour peindre 6 murs en 6 heures ?

a) 1
b) 3
c) 4
d) 6

13. Parmi les réponses suivantes, laquelle remplace le X ?

Majordome Menace X Seigneur

a) Cellulite
b) Cellulose
c) Cendre
d) Centime

Le début de X correspond à la dernière syllabe du mot précédent (CE).
La fin de X correspond à la première syllabe du mot suivant (SE).

14. Quel élément complète la suite ? ✪

FMAC GODG HQGK ? JUMS

a) IBAC
b) IRAL
c) ISJO
d) ITUQ

Il faut ici tenir compte de l'ordre des lettres dans l'alphabet :
FMAC = 6 + 13 + 1 + 4 = 23
GODG = 7 + 15 + 4 + 7 = 33
HQGK = 8 + 17 + 7 + 11 = 43
JUMS = 10 + 21 + 13 + 19 = 63
Logiquement, la suite à trouver doit être égale à 53.
C'est donc la proposition ISJO = 9 + 19 + 10 + 15 = 53

CAS PRATIQUE

PARTIE II

(Durée : 3 heures ; coefficient : 2)

1| PRÉPARATION À L'ÉPREUVE

LA PRÉSENTATION DE L'ÉPREUVE DE CAS PRATIQUE

L'épreuve de cas pratique consiste en la résolution de cas pratiques permettant de vérifier l'aptitude des candidats à présenter les éléments d'un dossier et pouvant comporter la réponse à des questions sur ce dossier, la rédaction d'un document, la mise au point d'un tableau de chiffres. Cette épreuve dure 3 heures et est affectée d'un coefficient 2. Toute note inférieure à 5 sur 20 est éliminatoire. L'utilisation de la calculatrice est interdite.

Sur la base d'un dossier comportant généralement quatre à six documents différents (articles de journaux, documents administratifs, textes de loi, extraits de livres...), l'épreuve de cas pratique comporte trois parties distinctes :

- une série de deux à six questions relatives aux documents du dossier ;
- une mise en application des éléments du dossier pouvant notamment prendre la forme d'un tableau chiffré ;
- une rédaction à propos d'une problématique posée dans le dossier remis aux candidats.

Le dossier soumis aux candidats

De manière générale, les quatre à six textes du dossier sont à vocation informative ou argumentative. Les textes peuvent être accompagnés de tableaux chiffrés. Ils concerneront tous le même sujet (le système éducatif français, les fédérations sportives, la mobilité professionnelle...). Les textes purement littéraires sont très rares. En toute hypothèse, les textes soumis aux candidats ne poseront aucune difficulté quant à leur compréhension. La longueur d'un texte peut varier de 30 lignes à plus d'une centaine. Le format habituel est celui d'un article d'un quotidien, soit de 600 à 800 mots, représentant une quarantaine de lignes.

Nous vous invitons fortement à lire les textes au moins deux fois, même si vous avez l'impression de les comprendre dès la première lecture.

Lire et analyser les textes du dossier

Les textes qui composeront le dossier seront tous en rapport avec le sujet de l'épreuve. Néanmoins, ce rapport peut être plus ou moins étroit. Les textes peuvent également se contredire ou s'opposer.

L'essentiel est de bien comprendre le contenu et la portée de chaque texte. Ne cherchez surtout pas à en faire un résumé : il ne s'agit pas d'une épreuve de note de synthèse et vous n'en aurez pas le temps. Ne notez que les éléments en rapport avec la problématique du sujet de l'épreuve. Vous pourrez les retrouver facilement lorsque vous rédigerez le développement de votre rédaction.

Attardez-vous sur les documents les plus importants et passez rapidement sur ceux qui le sont moins. N'hésitez pas à barrer les documents, parties ou paragraphes qui n'ont aucun lien avec le sujet ou qui sont redondants. En toute hypothèse, privilégiez les documents généraux les plus récents.

Votre lecture peut s'accompagner d'un surlignage éventuel des documents et d'une prise de notes. Une rapide prise de notes facilitera l'organisation de vos idées et de votre devoir. Pour ce faire, voici quelques recommandations :

- ne notez que les éléments importants, sans chercher à résumer le document dans son ensemble ;
- utilisez le style télégraphique afin de gagner du temps ;
- ne perdez pas non plus de temps en notant plusieurs fois la même idée. De même, ne recopiez pas des passages entiers du texte : faites une mention manuscrite en marge ;
- au fur et à mesure de votre prise de notes, essayez d'établir des liens entre les idées des différents documents ;
- portez une attention particulière aux introductions et conclusions des documents ;
- en toute hypothèse, limitez votre prise de notes : deux pages de notes constituent réellement un maximum.

Se préparer à étudier les textes du dossier

Le premier conseil que l'on peut donner à un candidat est de lire régulièrement, notamment la presse (quotidiens et magazines d'actualité). Il en tirera profit pour les épreuves du concours : oral avec le jury (afin d'approfondir sa culture générale), ainsi que pour l'épreuve de composition (bien souvent, les textes soumis aux candidats sont issus d'articles récents de journaux).

Une fois devant le texte, prenez le temps de bien lire. Si le sens ne vous paraît pas totalement clair après une première lecture, faites une deuxième lecture.

Les questions portant sur les textes du dossier

L'épreuve de cas pratique comprend généralement une série de deux à quatre questions, souvent autour de cinq ou six questions. La plupart du temps, ces questions sont de deux ordres :

- des questions portant sur la compréhension des textes du dossier ;
- l'explication d'une ou plusieurs expressions issues des textes du dossier.

Les questions portant sur la compréhension des textes du dossier peuvent être très diverses, mais elles seront toujours en rapport avec les textes. Certaines questions peuvent simplement chercher à ce que le candidat analyse et reformule des informations figurant dans le texte. Il est également possible que quelques questions nécessitent que le candidat fasse appel à ses connaissances personnelles.

Voici quelques exemples de questions possibles quant à la compréhension des textes du dossier :

- Que veut souligner l'auteur quand il précise... ?
- En une phrase, expliquez...
- Le titre du texte vous semble-t-il bien choisi ? Pourquoi ?
- Partagez-vous l'avis de l'auteur lorsqu'il conclut que... ?
- Proposez un titre à ce texte.
- Que signifie tel mot, telle expression du texte ?
- Par tel mot, on entend généralement... : dans le texte, ce mot est-il employé avec la même signification ?
- En vous inspirant de vos propres réflexions, que pensez-vous de tel ou tel problème ?
- Que veut dire l'auteur lorsqu'il dit que... ?
- L'auteur donne un exemple à l'appui de telle idée : donnez deux autres exemples.
- Quels exemples tirés de l'actualité récente remettent en question telle idée de l'auteur ?

Par ailleurs, l'épreuve de cas pratique implique parfois également des questions portant sur l'explication d'une ou plusieurs expressions issues des textes du dossier. Ces questions ne seront pas d'une grande complexité. On interrogera ici le candidat sur le sens d'un mot ou d'une expression. De même, le candidat peut devoir trouver des homonymes, synonymes, antonymes ou des mots de la même famille que tel ou tel mot ou expression du texte.

CAS PRATIQUE

Quelques exemples de questions possibles concernant l'explication d'une ou plusieurs expressions issues des textes du dossier :

- Que signifie tel mot, telle expression du texte ?
- Par tel mot, on entend généralement... : dans le texte, ce mot est-il employé avec la même signification ?
- Employez dans une phrase le mot... au sens figuré.
- Parmi les mots suivants..., lequel peut-on associer au mot... ?
- Donnez un synonyme au mot...

Comment répondre aux questions portant sur les textes du dossier

Faites attention à l'emploi du singulier ou du pluriel dans la question : si le singulier est employé, il n'y a qu'un élément de réponse à donner ; si le pluriel est employé, il y aura plusieurs éléments de réponse. Par ailleurs, l'ordre des questions suit généralement la chronologie des textes du dossier : cela doit vous permette de gagner un peu de temps lorsque vous cherchez une réponse dans les textes.

Vos réponses, plus ou moins développées en fonction de la nature de la question, devront toujours être rédigées. N'employez pas de style télégraphique ni d'abréviation. Dans vos réponses, évitez systématiquement de paraphraser le texte d'origine.

Pour ne pas perdre de points, vous devez respecter les règles d'orthographe et de syntaxe. Construisez toujours vos phrases selon la même structure : un sujet, un verbe et un complément. De même, prenez l'habitude de toujours vous relire à la fin de votre devoir.

Enfin, nous vous rappelons les règles d'anonymat : aucun signe distinctif (signature, matricule, encres fantaisistes, indication de nom...) ne doit figurer sur la copie. Par ailleurs, les feuilles de brouillon ne sont jamais prises en compte par les correcteurs.

S'entraîner à répondre aux questions portant sur la compréhension des textes du dossier

Parmi ces questions, on vous demandera de reformuler une idée du texte (exemples : que veut dire l'auteur quand il écrit que... ?, quelles sont les principales causes de tel ou tel phénomène ?...). Ces quelques questions (en général trois ou quatre) suivent souvent l'ordre des textes : cela doit vous permettre de vous repérer.

Lorsque la question vous demande de trouver un autre titre à un texte, rédigez un titre court (huit ou dix mots au maximum). Pour cela, lisez le texte en entier, mais de manière assez rapide. Vous pouvez également vous aider des titres des différents paragraphes, s'il y en a. Ensuite, demandez-vous quelle est l'idée essentielle du texte et ce que l'auteur a voulu exprimer dans son texte. Faites une synthèse courte de ces éléments, qui sera le titre donné au texte. Votre titre peut comporter ou non un verbe (exemple : Les solutions à la crise des banlieues, ou bien : Quelles solutions apporter à la crise des banlieues ?).

Ensuite, une ou plusieurs questions peuvent vous amener à dégager telle ou telle idée essentielle du dossier. Comme pour le choix d'un titre, il s'agit ici d'évaluer votre bonne compréhension du dossier. En revanche, contrairement au titre, vous devez rédiger une phrase complète (un sujet/un verbe/un complément). Si vous avez plusieurs idées à exprimer ou si la phrase est trop longue, rédigez plusieurs phrases. Vous pouvez lier vos phrases en fonction de ce que vous voulez démontrer (utilisez des mots de liaison : « donc », « en revanche », « par conséquent », « cependant »...). Enfin, veillez à ne pas reprendre exactement les mots et expressions des textes. Transcrivez de manière personnelle l'idée demandée par la question.

Enfin, plus rarement, il arrive que des questions impliquent que vous preniez une position personnelle. Ici, on ne vous demande pas une longue argumentation, mais les correcteurs attendent de voir si vous êtes à même de réagir de manière personnelle face au dossier. Même si l'on ne vous demande pas de développer particulièrement votre point de vue, vous devez employer des phrases convenablement rédigées. Donnez votre opinion personnelle, mais soyez toujours nuancé. En aucun cas vous ne devez vous montrer trop critique ou agressif avec l'éventuelle opinion des auteurs des textes du dossier.

■ S'entraîner aux questions de vocabulaire

Les autres types de questions lors de l'épreuve de cas pratique sont celles demandant l'explication d'expressions issues du texte. Il est ainsi possible qu'une ou plusieurs questions vous interrogent sur le sens d'une expression. Avant de formuler votre réponse, revenez au texte et analysez dans quel contexte l'expression est employée. En effet, des expressions peuvent avoir plusieurs sens et il est essentiel de bien saisir le contexte de leur emploi pour pouvoir répondre à la question. Pour ce type de question, rédigez une phrase.

Vous devez également connaître la signification des principales figures de style :
- une métaphore : comparaison d'un mot ou d'un terme avec un autre mot ou terme afin de traduire une pensée complexe (exemple : « Les lois sont des toiles d'araignées », Honoré de Balzac) ;

• le sens propre d'un mot est son sens premier (exemple : le « cochon » pris au sens d'animal). Le sens figuré d'un mot est un sens qui dérive du sens premier (exemple : emploi du mot « cochon » pour désigner un individu peu soigneux) ;
• un euphémisme : figure de style utilisée pour adoucir une idée jugée déplaisante (exemples : désigner les pauvres comme des « défavorisés », ou bien l'emploi du terme « non-voyant » pour évoquer un aveugle, « disparaître » pour mourir...) ;
• une hyperbole : création d'une exagération afin de désigner un fort sentiment (exemple : « je meurs de soif »).

D'autres questions peuvent vous demander de trouver (pour un mot ou une expression du texte) :
• un synonyme (mot ou expression de même signification). Exemple : « affable » est synonyme d'« aimable », « courtois » est synonyme de « poli » ;
• un mot ou une expression contraire (autrement appelé antonyme). Exemple : « paresseux » est l'antonyme de « travailleur » ;
• un homonyme (mot identique mais qui n'a pas le même sens). Dans ce type de question, vous indiquerez les deux sens du mot (exemple : un « col » désigne à la fois la partie d'un vêtement et le point le plus bas entre les deux sommets d'une même arête de montagne) ;
• des mots de la même famille ou mots ayant le même radical (exemple : pour le mot « terre », il y a les mots « terrain », « territoire », « terrien », « terrasse », « terrier »...) ;
• un champ lexical. Le champ lexical désigne un ensemble de mots, d'adjectifs et de verbes qui sont liés par leur domaine de sens. Exemple : « salarié », « œuvrer », « tâche », « emploi », « mission », « employé », « effort », « appliqué » appartiennent au champ lexical du travail ;
• un intrus dans une liste de mots (exemple : le mot « casserole » sera l'intrus dans une liste composée des mots « vis », « clou », « marteau », « perceuse », « scie », « établi »).

Si vraiment vous ne trouvez pas le sens du mot ou de l'expression, répondez en suivant votre intuition et en vous aidant du contexte et du sens général du texte (vous passez un concours : mettez toutes les chances de votre côté en répondant à toutes les questions, même celles dont vous n'êtes pas certain de la réponse).

La mise en application des éléments du dossier

Sur la base d'éléments chiffrés figurant dans les documents du dossier, une mise en application, sous la forme d'un tableau numérique ou d'un histogramme, est généralement demandée aux candidats lors de l'épreuve de cas pratique. Lisez attentivement le libellé pour déterminer exactement ce qui vous est demandé et commencez au brouillon une ébauche du tableau ou de l'histogramme. Une fois le tableau ou l'histogramme préparé au brouillon, vérifiez bien que toutes les lignes et colonnes reprennent effectivement les informations demandées dans le sujet. Utilisez le libellé du sujet pour commencer à remplir le tableau ou l'histogramme sur la base des informations contenues dans le sujet.

Établissez votre travail à l'encre bleue ou noire. Les copies au crayon de papier ne seront pas corrigées. N'oubliez pas de donner un titre à votre tableau ou à votre histogramme. Le titre doit résumer les informations contenues.

Lorsque l'on vous demande de mentionner une évolution dans une des colonnes d'un tableau, notamment une évolution en pourcentage, n'oubliez pas les signes « + » et « - ».

L'épreuve ne durant que trois heures, vous n'aurez pas le temps de réaliser tous les calculs au brouillon. Prenez donc l'habitude, dès votre entraînement, de réaliser directement les calculs sur votre copie. Chaque calcul doit se baser sur l'énoncé du devoir. Pour autant, il est possible que toutes les données de l'énoncé ne soient pas utilisées pour la réalisation du tableau ou de l'histogramme : cela ne doit pas vous déstabiliser. Respectez également les règles d'arrondi telles qu'elles sont précisées dans l'énoncé du devoir.

Pour autant, vous veillerez à toujours conserver du temps pour vous relire. Au cours de cette relecture, dans une colonne de pourcentages, vérifiez bien que le total soit égal à 100. Dans le total des chiffres d'une colonne, vérifiez bien que l'ensemble soit égal à l'addition des chiffres de toutes les cases de la colonne.

■ La commande

La commande pourrait être formulée de la façon suivante : « Il vous est demandé d'établir un tableau présentant... » Elle sera très clairement rédigée afin que le résultat attendu (titre, colonnes, lignes, données) ne comporte aucune ambiguïté. Le temps imparti (3 heures en tout) interdit évidemment la conception d'un sujet imposant une construction et des calculs complexes. L'épreuve exige en effet du candidat qu'il réalise lui-même un tableau lui permettant de présenter des données. Il lui appartient de créer un cadre, de disposer des lignes et des colonnes de manière claire et ordonnée. Les données chiffrées fournies au candidat ou que le candidat doit calculer, souvent présentées sous forme « littéraire », peuvent également être présentées sous forme de diagrammes (histogramme, camembert...). S'il est demandé au candidat d'arrondir des nombres, il ne pourra s'agir que de résultats définitifs.

L'établissement de la mise en application

Le contenu

Le candidat doit, à partir des informations fournies par le sujet, proposer un titre général au tableau, synthétique et le plus significatif possible des données du tableau. De même, il doit titrer clairement et précisément les lignes et les colonnes. Les données que le candidat doit porter dans le tableau sont toujours numériques : certaines peuvent être trouvées directement dans le sujet sans calcul, d'autres nécessitent des calculs. Le traitement du sujet requiert donc des connaissances mathématiques dont le niveau n'est cependant pas précisé par un programme réglementaire. À noter que le candidat n'a pas à justifier ses calculs, mais seulement à porter les résultats attendus dans le tableau.

On peut, à titre indicatif, se référer à des éléments du programme de mathématiques de la classe de troisième, soit :

- nombres entiers, nombres décimaux, les quatre opérations : addition, soustraction, multiplication, division ;
- moyenne arithmétique ;
- calculs décimaux approchés, arrondis ;
- fractions, valeur décimale d'une fraction ; opérations sur les fractions ;
- rapports et proportions, applications de la proportionnalité ;
- partages égaux, inégaux, proportionnels ;
- mesures de longueurs, d'aires, de volumes, de capacités, de masses, mesures agraires, mesures du temps, conversions ;
- pourcentages, taux ;
- lecture d'un graphique linéaire, en camembert, à bandes et en bâtons ;
- prix d'achat, de revient, de vente, HT, TTC.

LA PRÉSENTATION

Tous les résultats attendus doivent figurer dans un tableau unique (ou un histogramme...). Seul ce dernier sera corrigé. Ainsi, les calculs développés sur la copie au lieu d'être présentés dans le tableau ne seront pas corrigés.

Il est possible que le sujet permette plusieurs présentations des données (ordre des colonnes, présentation horizontale ou verticale par exemple). La présentation des résultats par le candidat devra être pertinente et logique. Ainsi des colonnes et/ou lignes qui ne s'imposeraient pas nécessairement, de même qu'un ordre illogique de colonnes seront pénalisés.

La rédaction

L'épreuve de cas pratique se termine par la rédaction d'un ou deux écrits en rapport avec la thématique du dossier. La longueur souhaitée de la rédaction est généralement indiquée : une page par rédaction si deux écrits sont demandés, ou bien deux pages si un seul écrit est demandé.

Rédiger un écrit en rapport avec le texte

Cet écrit est généralement à vocation argumentative : il s'agit de donner votre point de vue sur telle ou telle question en rapport avec le texte. La nature du texte à rédiger peut prendre différentes formes : argumentaire, réflexion personnelle, lettre...

Bien que ce type d'exercice nécessite une réflexion personnelle de la part du candidat et une argumentation, il ne s'agit pas d'une dissertation. La durée de l'épreuve ne le permettrait d'ailleurs pas. Pour autant, votre argumentation doit être construite et vous devez rédiger un écrit suivant une certaine logique (une ou deux phrases d'introduction, un développement, puis une ou deux phrases de conclusion). La rédaction d'un écrit en rapport avec le texte se voit généralement octroyer le plus grand nombre de points dans le barème de correction.

Comprendre le sujet proposé

La première étape pour tout candidat est de bien comprendre le sujet : de cette exacte compréhension dépendra la réussite de votre devoir. Prenez donc le temps de bien lire le sujet. Chaque mot, adjectif, verbe, temps de conjugaison ou signe de ponctuation a son importance. Tous ces éléments seront utiles, notamment pour délimiter le sujet. Exemple : un sujet de rédaction d'un écrit portant sur « La pauvreté » et un autre sujet sur « La pauvreté de nos jours » n'auront pas exactement le même sens. Le premier sujet sous-entend une évolution historique, tandis que le second se contente d'une approche actuelle.

Une lecture complète et répétée du sujet vous conduira à en comprendre le sens exact et, donc, à ne pas risquer de traiter une partie seulement du sujet ou de rédiger un devoir hors sujet. Exemple : le sujet « Comment expliquez-vous la popularité actuelle de certains sports de haut niveau ? Quelles réflexions vous inspirent ce phénomène ? » ne concerne que la popularité actuelle des sportifs de haut niveau. Un devoir qui traiterait du sport de haut niveau, de la compétition, de l'argent dans le sport, des blessures des sportifs... sans les relier à la question centrale de la popularité des sports de haut niveau serait un devoir hors sujet.

Définir la problématique du sujet

On attend d'un candidat qu'il réfléchisse au problème posé dans le sujet. En aucun cas il ne s'agit d'un devoir où le candidat récite ses connaissances sur un sujet donné. Dans la rédaction d'un écrit en rapport avec le texte, vous devez être à même de saisir les enjeux et implications du sujet. Lorsque le sujet pose une question, il est plus facile de cerner sa problématique (le problème posé par le sujet). Exemple : le sujet « Les jeux vidéo, loisir ou fléau ? » demande clairement au candidat de réfléchir à la nature des jeux vidéo et à leurs conséquences chez ceux qui les pratiquent. En aucun cas le candidat ne s'exercera à une description exhaustive des jeux vidéo qu'il connaît, mais il devra simplement se livrer à une réflexion à leur propos.

Le libellé du sujet peut également poser clairement sa propre problématique. Exemple : « L'automobile : facteur de progrès et cause de nuisances. » Dans l'hypothèse, plutôt rare, où le libellé du sujet ne définit pas explicitement la problématique, il vous appartiendra de la cerner par vous-même. Le plus simple est de réfléchir aux implications du sujet et de vous demander quelles sont les questions les plus importantes liées au sujet (positif ou négatif, progrès ou recul...).

Réfléchir aux idées

Une fois que le sujet est bien compris et que sa problématique vous apparaît clairement, il vous faut réfléchir aux idées que vous allez inclure dans votre devoir. Ces idées proviendront à la fois de votre réflexion personnelle autour du sujet, de faits d'actualité, de vos connaissances et de votre expérience personnelle. Le plus simple, dans un premier temps, est d'inscrire rapidement au brouillon les idées telles qu'elles vous viennent à l'esprit. Dressez une liste de ces idées, que vous ordonnerez ensuite afin d'organiser votre développement en deux parties distinctes.

Lorsque vous réfléchissez aux idées, remettez-les toujours en rapport avec la problématique du sujet : vous éviterez ainsi un risque de hors sujet et il sera plus facile pour vous d'organiser votre devoir.

Bâtir éventuellement un plan

Même s'il ne s'agit pas d'une dissertation, il peut être utile de bâtir un plan afin de présenter vos idées de manière fluide et cohérente. Si vous choisissez de développer vos idées selon un plan, le plus simple est de suivre l'architecture suivante : une introduction, un développement en deux grandes parties et une conclusion. Pour le développement, préférez toujours les architectures simples : Pour/Contre, Avantages/Inconvénients, Problème/Solution, Causes/Conséquences, Oui/Non...

Une fois les deux parties arrêtées, vous pouvez rapidement faire un tableau au brouillon en dressant deux colonnes qui seront chacune les deux parties du plan. Inscrivez dans chaque colonne les idées que vous allez développer dans chacune des parties. Pour organiser les idées entre elles, tenez compte de la clarté de votre raisonnement, de la logique du sujet ou de sa chronologie. Cette organisation du développement est importante car vous serez noté en fonction de la clarté de votre raisonnement et de votre capacité à argumenter.

■ Rédiger votre texte

Même si elle sera nécessairement courte, votre introduction est importante car c'est elle qui va donner une première impression au correcteur quant à votre devoir. La première phrase de l'introduction amènera le sujet. Vous pouvez amener le sujet au moyen, par exemple, d'un fait, d'un événement de l'actualité ou d'une citation. Ensuite, vous devrez problématiser le sujet. En une ou deux phrases, vous démontrerez quel est l'intérêt du sujet, quelles sont ses implications et quels aspects contradictoires il peut présenter.

Pour rédiger votre développement, vous pouvez utiliser le plan en deux parties que vous avez éventuellement construit au brouillon. En toute hypothèse, pour ne pas rester trop théorique, veillez à appuyer chaque idée par un ou plusieurs exemples concrets. Lorsque vous évoquez des faits précis, essayez de les rattacher à une idée générale afin d'établir une argumentation claire et solide.

À la fin de chaque partie, faites une synthèse de votre développement. Partez toujours des idées pour aller aux exemples ou aux faits. Dans votre argumentation, restez toujours nuancé, même s'il vous appartient de défendre vos arguments et positions. Dans le même ordre d'idée, tenez-vous à l'écart des opinions polémiques.

Lors de la rédaction proprement dite, faites un nouveau paragraphe chaque fois que vous passez à une idée nouvelle. Soignez les transitions entre les différentes idées et parties du développement.

La conclusion sera généralement assez courte. Elle comportera une synthèse en quelques phrases du développement. Ces quelques phrases doivent constituer votre réponse à la question éventuellement posée par le sujet.

Conseils pour le jour de l'épreuve

La présentation de la copie

Rien n'est plus désagréable pour un correcteur que d'avoir affaire à une copie illisible. Faites donc des efforts de présentation :
• écrivez à l'encre bleue ou noire, à l'exclusion de toute autre couleur ;
• pas de rature ;
• sautez des lignes entre les différents paragraphes et parties de votre devoir (une présentation aérée de votre devoir est toujours plus agréable) ;
• adoptez une écriture lisible, sans « pattes de mouche » ;
• faites attention aux ruptures d'anonymat (copie signée, utilisation de plusieurs couleurs, signes distinctifs...).

La gestion du temps

La gestion du temps est un aspect essentiel de la réussite de l'épreuve. Elle dure trois heures et les brouillons ne sont pas corrigés. Donc vous devez vous exercer au préalable en respectant les conditions du concours.

Nous pouvons vous indiquer le découpage suivant :
• lecture et compréhension du sujet : 10 minutes ;
• lecture du dossier : 40 minutes ;
• réponse aux questions : 25 minutes ;
• mise en application (tableau, histogramme...) : 30 minutes ;
• construction du plan détaillé de la rédaction : 10 minutes ;
• rédaction de l'introduction au brouillon : 10 minutes ;
• rédaction du devoir sur la copie du concours : 45 minutes ;
• relecture : 10 minutes.

Naturellement, ce planning n'est qu'indicatif. Toutefois, nous vous recommandons fortement de toujours garder du temps avant la fin de l'épreuve afin de vous relire. De même, il est inutile de rédiger tout votre devoir au brouillon : vous perdrez trop de temps. Ne rédigez au brouillon que l'introduction et, éventuellement, la conclusion.

2| ENTRAÎNEMENT

SUJET INÉDIT N° 1 DE L'ÉPREUVE DE CAS PRATIQUE

Durée : 3 heures.
Coefficient 2.
Niveau de difficulté : ✪
Résolution de cas pratiques permettant de vérifier l'aptitude du candidat à présenter les éléments d'un dossier et pouvant comporter la réponse à des questions sur ce dossier, la rédaction d'un document, la mise au point d'un tableau de chiffres.
Toute note inférieure à 5/20 est éliminatoire.

REMARQUES IMPORTANTES

- Sous peine d'annulation de leur copie, les candidats ne doivent porter aucun signe distinctif (nom, prénom, lieu, etc.) sur la partie réservée à la rédaction.
- L'usage d'une calculatrice est autorisé (les téléphones portables sont interdits).
- L'utilisation de tout autre document est interdite.

Documents du dossier

Document n° 1 : Pascale Santi, « La presse en quête d'un nouveau monde », *Le Monde*, 7 janvier 2009.
Document n° 2 : Marthe Ronteix, « Que reste-t-il de la presse gratuite quinze ans après le lancement de *20 minutes* ? », *Europe 1*, 15 mars 2017.
Document n° 3 : Extraits d'Éric Marquis, *La Presse. Malade imaginaire ?*, Paris, Scrineo, 2006.
Document n° 4 : Chadi Romanos, « La presse n'a toujours pas changé de modèle économique », www.franceinter.fr, 16 février 2018.

Travail à effectuer

À partir des éléments composant le dossier :

I. Répondez aux questions suivantes.

1. Que signifie le mot « pléthorique » ?
2. Comment comprenez-vous cette phrase d'un patron de presse : « Je suis dans la position du fabricant de carrosses alors qu'on est à l'ère de l'automobile » ?

3. Comment expliquer que les quotidiens se vendent beaucoup moins bien que les magazines ?
4. Selon vous, les journaux gratuits sont-ils la source de tous les maux des quotidiens français ?

II. Application

Le directeur d'une publication décide de passer un contrat avec une association d'étudiants pour promouvoir ses ventes de journaux tout en finançant la soirée de fin d'année des étudiants. Pour cela, il propose trois formules de financement :

- formule A : 100 euros pour chaque lot de 100 journaux vendus ;
- formule B : une aide forfaitaire de 2 000 euros et 70 euros par lot de 100 journaux vendus ;
- formule C : une aide forfaitaire de 10 000 euros, quel que soit le nombre de journaux vendus.

1. Complétez le tableau suivant :

Nombre de lots de journaux vendus	10	50	100	150	200	250
Formule A	1 000					
Formule B			9 000			
Formule C	10 000					

2. En vous aidant du tableau complété, déterminez quelle est la formule ou quelles sont les formules qui rapporte(nt) le plus d'argent à l'association si celle-ci vend 10 lots de journaux. 100 lots ? 250 lots ?
3. À partir de combien de lots de journaux vendus, la formule A rapporte-t-elle plus d'argent, pour les étudiants, que la formule B ?

III. Rédaction

Dans une note de deux pages environ, vous indiquerez ce que vous apporte la lecture des journaux ou magazines que vous avez l'habitude de consulter.

Dossier

Document n° 1

La presse en quête d'un nouveau monde

La fin du vieux monde. L'année 2008 restera comme l'année d'un tournant pour la presse. Baisse des ventes, menaces de disparition de journaux, désaffection du lectorat, recul des recettes publicitaires, autant de signes qui concourent à une crise que la situation économique actuelle n'a fait qu'accélérer. À l'évidence, un modèle s'épuise ; un autre va naître dont personne ne connaît encore les contours. Le papier et le Net se cherchent, ensemble ou séparément ; ni l'un ni l'autre n'ont encore trouvé la formule gagnante. C'est vrai en Europe comme aux États-Unis. Pour ébaucher des solutions, Nicolas Sarkozy a lancé, le 2 octobre, les états généraux de la presse. Un Livre vert, synthétisant les recommandations des groupes de travail, sera rendu public le 8 janvier. Cette manifestation qui balaie la filière de production (impression, distribution...), les métiers du journalisme, le numérique, etc., laisse un goût amer aux délégués des journalistes : la profession y est sous-représentée [...].
Ce trouble est d'autant plus profond qu'on assiste à la fin d'un modèle économique. Les éditeurs français regardent avec consternation ce qui se passe aux États-Unis, où l'on parle de « tremblement de terre ». Le 8 décembre, le groupe de presse Tribune, propriétaire du *Chicago Tribune*, né il y a 161 ans, et du *Los Angeles Times*, s'est placé sous la protection de la loi sur les faillites. Illustration d'une crise profonde, antérieure à la crise financière, le très prestigieux *New York Times* va faire appel à l'emprunt et doit hypothéquer son nouveau siège de Manhattan. Le quotidien a d'ailleurs ouvert sa une à la publicité, le 5 janvier, et ce pour la première fois. « Le modèle économique de la presse écrite ne fonctionne plus », estime Donald Graham, président de la Washington Post Company. L'équation est connue : baisse des ventes, chute des revenus publicitaires, allant jusqu'à 20 %. Plus de 13 300 journalistes ont perdu leur emploi depuis le début 2008 aux États-Unis, contre 2 000 en 2007.

La crise n'épargne pas la France. Auditionné pendant les états généraux, fin novembre, Claude Perdriel, PDG du groupe *Nouvel Observateur*, reconnaissait être « dans la position du fabricant de carrosses alors qu'on est à l'ère de l'automobile ». « Une chose est certaine : la presse écrite est réellement menacée, constatait M. Perdriel. [...] La publicité baisse de 10 % à 15 % chaque année depuis 2000. » Les éditeurs n'ont pas de visibilité.
« Le vieux monde s'écroule beaucoup plus vite que prévu, le nouveau monde a du mal à émerger, personne n'ayant aujourd'hui fait la preuve d'un modèle alternatif. La seule certitude est que l'ancien modèle ne marche plus », constate Pierre Haski, président de Rue89.

Les recettes du Net sont loin de compenser les pertes de l'écrit. « Il faut avoir de l'humilité. Ce qui est sûr, c'est que la publicité ne réussira pas à faire vivre les sites à 100 % », affirme Bruno Patino, qui préside le pôle des États généraux sur Internet. Le marché est de plus capté par un seul acteur, Google, accusé par les éditeurs de prendre la plus grande part du gâteau publicitaire. Parallèlement à cette évolution économique, il se produit des changements profonds des modes de consommation. Avec les gratuits et Internet, l'offre n'a jamais été aussi pléthorique, tandis que le temps disponible de lecture ne cesse de décroître. C'est aussi sur le contenu que la bataille doit se faire.

Mais les journalistes n'ont guère le moral... Tour à tour, les éditeurs annoncent des réductions de coût : baisse des effectifs, de la pagination... « Tout indique que c'est bien le renforcement du cœur de métier, de leur performance journalistique (quel qu'en soit le support), qui constitue la meilleure arme des entreprises de presse », souligne Bertrand Labasse, directeur scientifique du Centre national pour le développement de l'information (CNDI), qui a mené une vaste étude auprès de 30 000 personnes. Face à cette profusion, l'information de qualité doit faire la différence. La société a changé, le contexte économique aussi, mais c'est à la presse et au journalisme de s'adapter.

Autant de questions, que ce soit le changement de modèle économique ou l'évolution du contenu, qui ne relèvent pas vraiment des États généraux. Même si on peut espérer que ces assises ne déboucheront pas sur un cul-de-sac.

Pascale Santi, *Le Monde*, 7 janvier 2009

Document n° 2

Que reste-t-il de la presse gratuite quinze ans après le lancement de *20 minutes* ?

Quinze ans après le lancement des deux premiers quotidiens nationaux gratuits, cette presse populaire fait désormais partie du paysage.

Mercredi, le journal *20 minutes* fête ses quinze ans d'existence. Ce quotidien national gratuit a été l'un des premiers à s'implanter en France avec *Métro* en 2002 puis *Direct Matin* en 2006. D'abord vivement critiqués pour la qualité de l'information qu'ils délivraient et la concurrence trop forte qu'ils installaient avec les quotidiens traditionnels, ils ont fini par faire partie du paysage médiatique des grandes villes de l'Hexagone. Mais alors que la presse papier est en crise, comment se portent aujourd'hui ces journaux gratuits ?

Lorsqu'ils ont été mis sur le marché, ces journaux avaient des promesses claires : délivrer gratuitement l'essentiel de l'information de la journée avec un temps de lecture réduit. Leur modèle économique reposait uniquement sur les recettes publicitaires et non sur un système d'abonnements ou de vente au numéro. Cette presse gratuite avait même pour ambition affichée de remplacer les médias traditionnels. « On aurait pu penser que le modèle gratuit allait s'imposer, cela semblait aller dans le sens de l'histoire : depuis le XIXe siècle, grâce à la publicité, la presse a réussi à conquérir un public toujours plus nombreux en abaissant progressivement ses prix de vente », explique Alexis Lévrier, historien de la presse et maître de conférences à l'université de Reims, interrogé par Europe1.fr. Mais ce modèle, censé garantir leur indépendance, a rapidement trouvé ses limites.

La publicité comme unique source de revenus : un gouffre financier

Avec le développement exponentiel des médias sur Internet, la tâche s'est compliquée pour « les gratuits ». Aujourd'hui, le marché de la publicité est bien plus concurrentiel. « Les annonceurs vont naturellement vers les médias numériques qui offrent plus de possibilités d'interactions avec le lectorat », explique Alexis Lévrier. Et ces journaux n'ont jamais été rentables, à l'image de *Métro* (devenu *Metronews* en 2013) qui a distribué sa dernière édition papier en 2015.

Lancé en 2002 par le groupe suédois Métro international, *Métro* a été pour quelques mois le premier quotidien gratuit distribué en France, avant l'arrivée de *20 minutes*. Mais faute de recettes suffisantes, seul le site Internet, rattaché désormais à LCI du groupe TF1, a été conservé. Quant au troisième quotidien gratuit lancé en France, *Direct matin* (devenu

CNews matin en février 2017), le groupe Bolloré aurait perdu 100 millions d'euros, selon l'historien des médias et président de l'Observatoire de la déontologie de l'information, Patrick Eveno, contacté par Europe1.fr. Seul *20 minutes* pourrait être à l'équilibre selon les années, bien que depuis 2015 il ne paraisse plus le mardi pour des questions de réduction des coûts.

« Ces journaux n'apportent pas beaucoup de plus-value »

Mais pour atteindre cet objectif d'équilibre financier tant recherché, *20 minutes* dispose d'un atout de poids : sa présence numérique. « La seule manière de trouver un équilibre est d'avoir une stratégie globale » au sein d'un groupe, professe Alexis Lévrier. Et « avec l'arrivée de la 3 ou 4G dans les transports en commun, lieux de distribution et de lecture de ces journaux gratuits, le tournant du numérique est apparu comme un enjeu majeur pour ces quotidiens concurrencés sur leur propre terrain par les quotidiens en ligne », ajoute le spécialiste. *20 minutes* a réussi ce tournant et le site est aujourd'hui classé huitième derrière *Le Parisien* et *BFMTV*, selon l'OJD.

Le gratuit n'a pas ruiné le payant

Le recours unique à la publicité n'a donc pas été le modèle idéal tant espéré. Mais il y a également des problèmes de fond. Avec les « gratuits », la qualité de l'information n'est pas toujours au rendez-vous, si l'on en croit les spécialistes. « L'idée est de faire des brèves qui s'enchaînent rapidement, des articles courts et faciles à lire dans le métro. Mais ces journaux n'apportent pas beaucoup de plus-value », observe le professeur de la Sorbonne, Patrick Eveno.

L'impératif de production de contenus par journaliste se fait parfois au détriment de la qualité de l'information. « Les journalistes, peu nombreux, ont notamment des contraintes de rapidité qui nuisent parfois à la qualité de leur travail », constate Alexis Lévrier, historien de la presse. Par ailleurs, « le lecteur n'ayant pas fait l'effort d'acheter son journal, il a évidemment une lecture plus passive et est moins exigeant ».

Pour le spécialiste, il est important de garder à l'esprit qu'il existe une hiérarchie entre les médias. « Tous les journaux ne doivent pas être mis sur le même plan », explique-t-il. « La presse traditionnelle a un rôle de décryptage et de soumission de l'information au doute. Un journal de référence aura une meilleure prise de recul grâce au temps passé à enquêter pour produire une information de qualité. »

Cette exigence de profondeur d'analyse, les lecteurs semblent d'ailleurs s'y être attachés. « L'information gratuite que l'on croyait révolutionnaire, on est en train d'en revenir », précise

Alexis Lévrier. « Une information de qualité, ça se paye », souligne-t-il en citant le site d'information *Mediapart* qui a mis en place un accès payant à ses enquêtes ou encore celui d'*Arrêt sur images*. « Ce système payant garantit au lecteur une information plus innovante, plus fouillée et plus indépendante. »

Une indépendance parfois difficile à acquérir

Car, pour un « gratuit », l'indépendance pose parfois question lorsqu'il appartient à un grand groupe. « *CNews matin* n'est pas vraiment un journal », affirme le spécialiste Patrick Eveno. « C'est plutôt un organe de promotion du groupe Bolloré », auquel il appartient. Le manque d'indépendance du journal vis-à-vis de son actionnaire principal a d'ailleurs souvent été pointé du doigt avec la multiplication d'articles consacrés à l'Autolib (voiture électrique en libre-service développée par le groupe Bolloré), ou des pages de publicité. En décembre 2014, *Télérama* relevait 33 pages de pub sur un journal qui en comptait 48, « bien au-delà de la charte du journal, qui impose un seuil maximum de 50 % ».

Le renouveau d'une certaine presse populaire

Mais cette presse gratuite et facilement accessible dans les grandes villes françaises – 36 pour *20 minutes*, 10 pour *CNews matin* – a touché un nouveau lectorat, qui s'est remis à lire un journal. Lors du lancement de *Métro* et *20 minutes*, les journaux traditionnels craignaient de voir leur lectorat se rabattre sur cette presse gratuite. Mais cela n'a pas été le cas. « Nous n'avons pas la même cible, car 70 % de nos lecteurs n'achètent jamais un journal », assurait au *Monde* en 2012 Edouard Boccon-Gibod, de *Métro* France (désormais directeur général de Christie's France).

Pour Patrick Eveno, l'explication est simple : c'est « le lectorat populaire abandonné par la presse française qui s'est emparé de cette presse gratuite ». « À partir des années 1970, face à la concurrence de la télévision, journalistes et patrons de presse n'ont plus voulu parler de sport, de scandales et de people, des sujets qui pouvaient retenir un lectorat populaire. Donc toute une frange de la population n'a plus eu accès à la presse », souligne-t-il.

Un tournant qui n'a pas été pris par nos voisins européens. Le Royaume-Uni a le tabloïd *The Sun* et l'Allemagne vend toujours *Bild*. Les ventes records de ces journaux, populaires dans leur contenu et accessibles *via* leurs prix très bas, expliquent que la presse gratuite ne pénètre pas dans ces pays, détaille Patrick Eveno. « Il vaut toujours mieux lire de la presse populaire que de ne pas lire de presse du tout », conclut l'historien des médias.

Marthe Ronteix, *Europe 1*, 15 mars 2017

Document n° 3

Extraits de *La Presse. Malade imaginaire* ?

I. Quotidiens : des handicaps anciens

D'où vient la crise de la presse quotidienne ? Les raisons en sont connues depuis longtemps. De longue date, les journaux français ne sont pas armés pour affronter leurs difficultés. Deux facteurs sont particulièrement soulignés.

Des coûts anormalement élevés

C'est un handicap qu'on peut qualifier de structurel, car les éditeurs ont peu d'influence sur certains coûts, du moins à court terme.
Le poste de dépense sur lequel les journaux ne disposent quasiment d'aucune marge de manœuvre est le papier. Il représente aujourd'hui 8 à 10 % du chiffre d'affaires de la presse. Les éditeurs sont frappés de plein fouet par les variations des cours, sur lesquels ils n'ont quasiment aucune prise. Ainsi les prix ont augmenté énormément en 2000, puis ils ont baissé jusqu'en 2004, avant de subir une hausse de 7 à 8 % en janvier 2005.

Autre source de coûts importants, la fabrication

L'impression représente environ 15 % du chiffre d'affaires de la presse. Celle des quotidiens est encore largement soumise à un compromis social issu de la libération qui implique un niveau d'effectifs et de rémunérations sensiblement plus élevé que ce qui est pratiqué dans la moyenne des pays comparables. En 1944, le gouvernement a confié au syndicat CGT de la presse l'organisation de la production. Soixante ans durant, cette organisation syndicale a défendu les intérêts des ouvriers de la presse écrite avec une force de conviction d'autant plus grande que la CGT contrôlait les embauches. Avec un taux de syndicalisation proche de 100 %, le « Livre » n'a alors guère de difficulté à déclencher régulièrement grèves et autres « dysfonctionnements », et dispose donc d'un « rapport de force » sans commune mesure avec celui de la plupart des salariés français. Mais, depuis une trentaine d'années, les mutations techniques bousculent les acquis de ces catégories de personnels, jusqu'à programmer la disparition de certains métiers. Ce qui donne lieu à des négociations, et à de nouveaux compromis, parfois controversés.
La diffusion et la distribution représentent autour de 35 % du prix de vente. Une préoccupation permanente des éditeurs est le taux d'invendus, c'est-à-dire *grosso modo*, la part d'exemplaires

mis à la disposition des consommateurs qui n'est pas achetée. Des frais sont facturés aux éditeurs pour la récupération, le comptage, le stockage, la destruction ou le retour. En 2006, le taux d'invendus atteignait 38 % pour les magazines, 35,8 % pour les quotidiens. Ce problème coûteux est spécifique à la vente au numéro, un mode de diffusion très majoritaire dans la presse quotidienne nationale... [...]
À l'autre bout de la chaîne, la diffusion des journaux est pénalisée par la fermeture d'un grand nombre de points de vente. 4 300 ont fermé en 2005, et 16 % entre 1995 et 2004. Il n'y en a plus qu'environ 29 000 aujourd'hui. [...]

Des prix trop élevés

La presse quotidienne française est aujourd'hui l'une des plus chères du globe. Le niveau élevé du prix de vente est à la fois un facteur de la crise, puisqu'il détourne de l'achat des lecteurs potentiels, mais aussi une conséquence, parce que les éditeurs ont fréquemment eu recours à la hausse des prix pour faire face à leurs difficultés, la considérant pendant trop longtemps comme une « variable d'ajustement » en négligeant ses conséquences sur la diffusion. L'augmentation deux fois plus rapide des prix des quotidiens par rapport à ceux des autres produits relativise le discours récurrent des patrons de presse sur l'apport indispensable de la presse à la démocratie : « Produits chers, les journaux français se condamnent à être des produits rares que seul un petit nombre de privilégiés peut s'offrir » (Jean-Paul Pigasse, *Le Dossier noir de la presse française*). [...]

II. Périodiques : le dynamisme

La presse périodique connaît une santé éclatante : des chiffres d'affaires et de diffusion en progrès continu, et des groupes de presse parmi les plus puissants du monde. Mais les magazines d'information générale font exception à la règle.
Alors qu'ils délaissent les quotidiens d'information générale, les Français sont les plus gros consommateurs de périodiques dans le monde. Le nombre de ces titres progresse régulièrement ; leur diffusion globale a augmenté de 30 % en dix ans, 2,1 milliards d'exemplaires seraient vendus chaque année. Aussi la presse périodique affiche-t-elle une santé éclatante. En 2004, les magazines grand public ont réalisé 39 % du chiffre d'affaires de la presse écrite et 47,5 % de ses recettes de vente. Depuis 1993, leur chiffre d'affaires a progressé de 9,5 %. Ce secteur connaît un véritable foisonnement : on compte près de 2 500 périodiques et plusieurs centaines sont créés chaque année. Bien sûr, un certain nombre ne parvient pas à trouver son marché, mais le solde créations/suppressions est toujours positif. À la fin de l'année 2005, la presse magazine s'était enrichie de 300 titres.

La presse magazine a pris son essor dans les années 1950 et 1960. Et c'est entre 1975 et 1978 que le tirage annuel total des périodiques dépasse celui des quotidiens en France. De l'arsenal réglementaire en vigueur, cette presse ne souffre pas des contraintes, mais bénéficie des avantages comme l'égalitarisme dans la distribution. Mais l'abondance actuelle est d'abord liée à la spécialisation, qui a la faveur aussi bien des lecteurs que de la publicité. L'arbitrage des consommateurs et des annonceurs ne se fait pas entre nouveaux et vieux médias, mais entre médias de masse et médias segmentant. D'une part pour les lecteurs, les magazines satisfont d'autres attentes que l'information : le divertissement, l'évasion, etc. D'autre part pour les annonceurs, ils permettent de toucher un public plus ciblé, soit socialement (par ex. les catégories aisées pour les newsmagazines), soit par centres d'intérêt (les périodiques thématiques : la presse féminine recueillera la publicité pour l'habillement, ou, dans la presse spécialisée, les journaux de jardinage pour le matériel de jardin, etc.).
En 2005, les investissements publicitaires dans la presse magazine ont bondi de 35 %, ce secteur recueillant un tiers de l'ensemble des 4,68 milliards d'euros de publicité dépensés dans la presse (contre 8 % pour les quotidiens nationaux). L'économie de ces titres repose néanmoins encore beaucoup sur les ventes puisque celles-ci représentent 70 % du chiffre d'affaires contre 30 % aux États-Unis. Si les deux tiers de la diffusion globale des périodiques passent par les marchands de journaux, les abonnements se développent. Enfin, autre indicateur favorable, les périodiques sont lus, plus que les quotidiens, par les jeunes (15-34 ans). Malgré le foisonnement des supports, le marché reste très concentré : en 2005, 15 titres représentaient 60 % de la diffusion. [...]

III. Une économie bancale, en pleine mutation

La réglementation et les financements étatiques ne préservent pas les titres en difficulté, mais enrichissent les entreprises prospères. Progressivement, la concentration s'est imposée.

Un modèle économique obsolète ?

Historiquement, les ressources des journaux sont :
- les ventes ;
- la publicité.

Si la presse quotidienne traverse une crise plus grave qu'une simple crise de croissance, c'est précisément parce que ce modèle économique inventé par Émile de Girardin au milieu du XIXe siècle est déréglé.
Quand la diffusion et les ressources publicitaires s'affaissent simultanément, comme c'est le cas de façon aiguë pour les quotidiens depuis le début de la décennie, la mécanique se

dérègle dangereusement. Or, la presse française, dans le système né de la Libération, souffre d'un mal chronique : le manque de capitaux propres. Un handicap d'autant plus important que cette activité implique, comme on l'a vu, des investissements conséquents, et des coûts fixes non négligeables. L'édition d'un journal suppose notamment des dépenses de rédaction, de fabrication, de distribution, difficilement compressibles. Sous-capitalisée, la presse dépendrait donc notamment pour ses investissements (de modernisation, de développement...), d'éventuelles ressources extérieures. D'où la justification des aides multiples de l'État et de l'intégration des entreprises dans des ensembles plus vastes, groupes de presse ou autres. Ce discours est pourtant contesté. Que les frais fixes soient élevés, personne ne le conteste. Mais les journaux ne sont pas pour autant, par nature, des acteurs économiques à pertes. *Alternatives économiques*, un mensuel peu suspect de sacrifier à une idéologie libérale, souligne un paradoxe : « Comme dans toutes les industries où la plus grande partie des coûts sont fixes, l'édition d'un journal devient très profitable dès le point mort dépassé [seuil à partir duquel les recettes couvrent les dépenses engagées]. » Une explication de la coexistence d'une presse quotidienne dont de nombreux titres accumulent les déficits, et une presse magazine rentable, voire très profitable pour ses propriétaires ?
Héritée de la Libération, l'omniprésence de l'État peut être perçue comme un atout ou comme un handicap. Un atout si on considère, comme l'explique en 2006 le rapport du Conseil économique et social sur la presse quotidienne, que l'emprise étatique compense la sous-capitalisation de la presse, laquelle, est-il expliqué, résulte du choix des pouvoirs publics de l'après-guerre de ne pas réserver la propriété des organes de presse aux plus fortunés. Il est d'ailleurs symptomatique que ce rapport, issu de la troisième chambre de la République, avance que « la presse quotidienne française comporte [non pas deux mais] trois sources de financement : l'achat par le lecteur, les revenus de la publicité, les aides de l'État ».
Alors que l'économie française connaît depuis trente ans un retrait de la puissance publique, la presse, une activité dont la grande majorité des entreprises sont rentables, continue de bénéficier d'importantes aides financières de l'État, dont le nombre s'accroît sans cesse. Elles prennent une forme directe, indirecte ou conjoncturelle. Les aides directes, comme leur nom l'indique, consistent en des versements aux entreprises, pour soutenir par exemple l'expansion des titres français à l'étranger, la diffusion de la presse hebdomadaire régionale, le portage, les quotidiens nationaux à faibles ressources publicitaires...
Quant aux aides indirectes, elles visent à alléger certains coûts supportés par les journaux : la collectivité concède des manques à gagner pour ses finances, à travers des tarifs préférentiels sur les télécommunications, la poste et les transports ferrés et aériens, des allégements de taxes (exonération de taxe professionnelle, et TVA moindre), un régime fiscal spécial sur les provisions pour investissements (article 39 bis du Code des impôts)... voire l'abattement fiscal

consenti aux journalistes (7 650 euros déduits des revenus imposables), mais celui-ci n'est pas comptabilisé dans les aides à la presse...

Ces soutiens financiers qui s'élèvent à plus de 1,2 milliard d'euros, représentent 11 % du chiffre d'affaires du secteur. Justifiées dès l'origine par la nécessité en démocratie d'assurer le droit à l'information du citoyen à travers l'existence de nombreuses publications, les aides de l'État à la presse ont des effets paradoxaux. Elles jouent certes un rôle essentiel pour le pluralisme, contribuant à la survie de nombreux titres - on pense notamment aux quotidiens d'information générale - qui, sans elles, seraient dans une situation autrement critique, voire auraient disparu depuis belle lurette. Mais elles bénéficient aussi à un nombre encore plus important d'entreprises prospères. Par exemple, l'exonération d'une partie de l'impôt sur les bénéfices à condition que les sommes bénéficient à l'investissement, ne concerne par définition que des entreprises qui font des bénéfices. Quand les journaux déduisent de leurs impôts les provisions pour investissement, ils sont encouragés à surinvestir, même s'ils sont sous-capitalisés...

Faut-il donc attribuer les aides de façon plus sélective ? C'est une direction empruntée depuis plusieurs années avec l'assentiment de la plupart des acteurs. [...]

IV. Quelles pistes ? Le tâtonnement

En 2005, comme chaque année depuis six ans, le recul ou l'amélioration du chiffre d'affaires du secteur de la presse écrite dépend uniquement du marché publicitaire, les recettes de vente continuant de stagner. Quadrature du cercle : les ressources publicitaires dépendant étroitement du niveau de diffusion, augmenter les chiffres officiels de celle-ci est devenu la priorité des priorités pour les éditeurs. D'où un « dumping » sur les abonnements ou, chez les moins scrupuleux, des artifices destinés à afficher des chiffres les plus hauts possible, qui ne correspondent pas toujours à une diffusion payante réelle. La fin justifie les moyens : tous les subterfuges sont bons pour masquer l'érosion de la diffusion.

Depuis les années 1980, les éditeurs se concentrent sur la promotion des abonnements, qui offrent au moins deux avantages : pas d'invendus, talons d'Achille de la vente au numéro, et un « matelas » de diffusion stable, avec la sécurité financière du paiement à l'avance.

Les éditeurs y consacrent des moyens croissants (au détriment d'investissements plus productifs), notamment à travers les mailings : les lecteurs reçoivent de plus en plus de courriers de sollicitation, dont le « rendement » va décroissant (il avoisinerait 1 %) car les consommateurs se lassent. La priorité donnée aux abonnements suscite aussi des critiques quant aux moyens mis en œuvre, lesquels s'apparentent parfois à la vente à perte. Pour « ferrer » l'abonné, des éditeurs proposent des rabais qui peuvent atteindre les deux tiers du prix de vente au numéro, ainsi que des cadeaux (réveils, montres, chaînes hi-fi...) d'une valeur parfois supérieure à celle de leur achat...

Le lectorat est ainsi « acheté » à prix d'or : l'abonnement coûte plus cher qu'il ne rapporte, en espérant que la publicité comble cette perte.
Ce qui est en cause à travers cette stratégie, c'est une « option préférentielle » pour la publicité. Quand vendre des lecteurs aux annonceurs importe plus que vendre des journaux aux lecteurs, le lectorat réel tend à devenir financièrement marginal.
C'est tout simplement le modèle économique des gratuits qui a été adopté par les payants... Sauf que cette stratégie soumet davantage la santé économique des payants, qui ont plus de charges, aux retournements de la conjoncture publicitaire. Or, le caractère cyclique des recettes publicitaires de la presse a été amplement démontré dans les années 1990 et 2000.

Et si on baissait les prix ?

L'inflation du prix au numéro est séculaire. Le prix moyen du numéro passe progressivement de 10 centimes en 1917 à 1 franc en 1941, augmentations qui « s'accompagnent d'une diminution sensible des ventes » (rapport du conseil économique et social 2006). Cette tendance va continuer, à croire que les quotidiens considèrent leurs tarifs de vente comme une variable d'ajustement, sans guère se soucier des conséquences en termes de diffusion. Le double mouvement de hausse du prix de vente et de substitution de l'abonnement à la vente au numéro traduit le renoncement des éditeurs à reconquérir les lecteurs, en misant plutôt sur la publicité.
[...]

Conclusion

« La » presse écrite française n'est pas malade. « Une » presse est mal en point : les quotidiens généralistes. Et cette situation est préoccupante car c'est eux qui, deux siècles durant, ont permis au citoyen de prendre connaissance de l'actualité politique, économique et sociale pour former son opinion. « La libre communication des pensées et des opinions est un des droits les plus précieux de l'homme », proclame l'article 11 de la Déclaration des droits de l'homme et du citoyen de 1789, fondement de la liberté de la presse. Or, le pluralisme de la presse quotidienne est en voie de disparition : difficilement assuré par une petite dizaine de titres nationaux, il est absent au plan local dans plus des trois quarts des départements.
Reste que la presse est par ailleurs une industrie comme le cinéma selon Malraux. Si les journaux ne trouvent pas leur clientèle, est-ce parce que leur économie est trop soumise aux lois du marché ou pas assez ? Tous les éditeurs prétendent avoir pour priorité la satisfaction du lecteur. Mais, face à la désertion du public, la presse d'information générale paraît répondre à côté, par des stratégies de court terme. Dans un article sur la crise de la presse française,

CAS PRATIQUE

l'*International Herald Tribune* (16 octobre 2006) évoque le renouveau du pain impulsé par les boulangers hexagonaux, misant sur le goût, avec différentes variétés, un certain retour aux traditions et des artisans passionnés. Le pain, de banal, est ainsi devenu spécial. Simpliste, ce parallèle mérite néanmoins d'être médité.

Éric Marquis, Paris, Scrineo.

Document n° 4

La presse n'a toujours pas changé de modèle économique

Pour la 13e année consécutive, journaux et magazines voient leurs ventes diminuer en 2017, note l'Alliance pour les chiffres de la presse et des médias (ACPM). Une tendance qui, plus que jamais, questionne les éditeurs sur leur modèle économique, à peine soutenu par la diffusion numérique.

Journaux et magazines ont encore vu leurs ventes diminuer en 2017 mais les grands quotidiens nationaux ont réussi à amortir cette baisse grâce au numérique.

Décidément, le papier a du plomb dans l'aile. Pour la 13e année consécutive, journaux et magazines voient leurs ventes diminuer en 2017. Dans la presse grand public, dévoile l'Alliance pour les chiffres de la presse et des médias (ACPM), le déclin s'est installé, à raison de plus de 3 % de baisse annuelle depuis 2015.

Depuis 2004 pour les quotidiens, 2006 pour les hebdomadaires et 2007 pour les mensuels, la presse imprimée n'a connu aucun sursaut. Le nombre de journaux et magazines imprimés baisse chaque année. Certes, avec 3,2 milliards de périodiques sortis des presses en 2016, le secteur n'est pas mort, loin de là. Mais depuis une quinzaine d'années, il n'a jamais su retrouver une dynamique de croissance. Ni en termes de diffusion, ni en termes de chiffre d'affaires.

Les recettes en berne

Parce que si les volumes distribués baissent, les revenus suivent la même pente. Globalement, depuis 2004, ni le produit des ventes - malgré des hausses de prix sensibles, notamment dans la presse quotidienne nationale - ni les recettes publicitaires n'ont permis d'amortir le repli de la diffusion. Le chiffre d'affaires des ventes en kiosque et des abonnements a dévissé de 20 % depuis 2004, tandis que le produit de la commercialisation des pages de pub a dévissé de 45 %.

Signe d'espoir, pour l'ACPM, le numérique connaît des progressions remarquables. Mais quel numérique ? Les journaux et magazines en version PDF ont vraiment la cote. Les ventes de ces versions écran des journaux imprimés ont progressé de 42,3 % en 2017, contribuant à amortir la baisse de diffusion des éditions papier. Enthousiasmant, mais pas suffisant : plus de vingt ans après l'arrivée d'Internet en France, cette diffusion numérique ne pèse pas plus de... 7 % du total.

À ce rythme, le changement de modèle économique ne devrait pas se produire avant plusieurs années, à supposer qu'il se produise. Et même si l'audience des sites web des journaux progresse elle aussi, de 11,2 % en 2017, soit deux fois plus vite que l'année précédente, ces « nouvelles » ventes ne constituent pas le relais de croissance attendu par les éditeurs de presse.

En effet, les formats numériques de la presse permettent d'économiser sur les coûts de diffusion, et parfois sur les coûts de production. Mais en aucun cas elles ne génèrent le même niveau de recettes que les versions « print ». Les abonnements - *Le Monde* revendique 160 000 abonnés numériques pour l'année 2017 - ont toujours été bradés, en version imprimée ou sur le web. En revanche, les formats de pub numériques sont vraiment moins bien vendus que les pages de pub papier.

Chadi Romanos, www.franceinter.fr, 16 février 2018

CORRIGÉ DU SUJET INÉDIT N° 1 DE L'ÉPREUVE DE CAS PRATIQUE

I. Répondez aux questions suivantes.

1. Que signifie le mot « pléthorique » ?

Le terme « pléthorique » désigne l'abondance, le grand nombre.

2. Comment comprenez-vous cette phrase d'un patron de presse : « Je suis dans la position du fabricant de carrosses alors qu'on est à l'ère de l'automobile » ?

Cette phrase illustre le caractère dépassé de la presse traditionnelle payante à l'heure où Internet et un certain nombre de journaux sont gratuits. Le modèle économique de la presse traditionnelle peut sembler dépassé et, de fait, traverse une importante et durable crise.

3. Comment expliquer que les quotidiens se vendent beaucoup moins bien que les magazines ?

Les quotidiens se vendent beaucoup moins bien que les magazines car ils sont fortement concurrencés par la gratuité de l'information sur Internet, dans d'autres médias comme la radio ou la télévision, ainsi que par l'existence de quotidiens gratuits. Par ailleurs, le temps de lecture diminue et de nombreux points de vente ferment (cas des kiosques).

4. Selon vous, les journaux gratuits sont-ils la source de tous les maux des quotidiens français ?

Il paraît excessif de considérer que les journaux gratuits sont à l'origine de tous les maux des quotidiens français. En effet, on peut penser que les lecteurs des journaux gratuits ne sont pas forcément les acheteurs disparus des quotidiens. Par ailleurs, il est bien évident que les quotidiens apportent d'autres éléments : analyse en profondeur de l'actualité, mise en perspective d'une ligne éditoriale, variété des sujets traités, présence de suppléments et pagination plus importante.

II. Application

Le directeur d'une publication décide de passer un contrat avec une association d'étudiants pour promouvoir ses ventes de journaux tout en finançant la soirée de fin d'année des étudiants. Pour cela, il propose trois formules de financement :

- formule A : 100 euros pour chaque lot de 100 journaux vendus ;
- formule B : une aide forfaitaire de 2 000 euros et 70 euros par lot de 100 journaux vendus ;
- formule C : une aide forfaitaire de 10 000 euros, quel que soit le nombre de journaux vendus.

CAS PRATIQUE

1. Complétez le tableau suivant :

Nombre de lots de journaux vendus	10	50	100	150	200	250
Formule A	1 000					
Formule B			9 000			
Formule C	10 000					

Illustration du calcul pour 50 lots de journaux vendus :
Formule A : 50 × 100 = 5 000
Formule B : (50 × 70) + 2 000 = 5 500
Formule C : 10 000

Nombre de lots de journaux vendus	10	50	100	150	200	250
Formule A	1 000	**5 000**	**10 000**	**15 000**	**20 000**	**25 000**
Formule B	**2 700**	**5 500**	9 000	**12 500**	**16 000**	**19 500**
Formule C	10 000	**10 000**	**10 000**	**10 000**	**10 000**	**10 000**

2. En vous aidant du tableau complété, déterminez quelle est la formule ou quelles sont les formules qui rapporte(nt) le plus d'argent à l'association si celle-ci vend 10 lots de journaux. 100 lots ? 250 lots ?

Pour répondre à cette question, il suffit de se reporter au tableau :

- pour 10 lots, la formule C est la meilleure ;
- pour 100 lots, les formules A et C sont les plus intéressantes ;
- pour 250 lots, la formule A est la plus avantageuse.

3. À partir de combien de lots de journaux vendus, la formule A rapporte-t-elle plus d'argent, pour les étudiants, que la formule B ?

Les formules sont les suivantes :

- formule A : 100 euros pour chaque lot de 100 journaux vendus ;
- formule B : une aide forfaitaire de 2 000 euros et 70 euros par lot de 100 journaux vendus.

Soit J le nombre de journaux vendus :

- formule A : 100 J ;
- formule B : 2 000 + 70 J.

Pour que la formule A rapporte plus d'argent que la formule B, il faut que : 100 J > 2 000 + 70 J.

Donc, 100 J - 70 J > 70 J + 2 000 - 70 J = 30 J > 2 000
J = 2 000/30 = 66,6666.

Il faut se baser sur un nombre entier. Par conséquent, la formule A devient plus intéressante que la formule B à partir de 67 lots de journaux vendus.

III. Rédaction

Dans une note de deux pages environ, vous indiquerez ce que vous apporte la lecture des journaux ou magazines que vous avez l'habitude de consulter.

Malgré la persistance d'une profonde crise sociale et économique, la France actuelle reste un pays développé et à la pointe de la modernité. Le secteur de l'information en est une illustration. Libre et variée, l'information est omniprésente dans la vie quotidienne des Français. Des médias nombreux et très différents assurent la circulation des nouvelles. La presse, tant les journaux que les magazines, occupe une place essentielle parmi ces médias.

Il y a seulement un siècle, l'information en France était relayée uniquement par la presse. Aussi, principalement dans sa seconde partie, le XXe siècle a vu en France et dans le monde entier une explosion du nombre de vecteurs d'information.

Historiquement, les agences de presse et la presse sont les principaux relais de la circulation des nouvelles. Les agences de presse sont des entreprises disposant de correspondants en France et à l'étranger qui rédigent des dépêches reprenant des faits d'actualité. Ces dépêches sont transmises aux journaux, stations de radio et chaînes de télévision. Elles restent un relais essentiel de l'information. Dans le cas de la France, l'Agence France presse (appelée le plus souvent par son sigle : AFP) est une des toutes premières agences de presse dans le monde.

La presse dans la France actuelle est composée d'un nombre important de journaux quotidiens nationaux et régionaux, de magazines et de revues spécialisées. Elle emploie un nombre important de personnes. Cette presse dispose d'un large réseau de diffusion par le biais des abonnements, des kiosques et marchands de journaux, ainsi que des bibliothèques publiques. Il est donc facile de la consulter, d'autant que la presse gratuite est largement diffusée dans les transports en commun des grandes métropoles.

CAS PRATIQUE

Comme nous l'avons vu précédemment, la France ne dispose véritablement que d'une seule agence de presse, l'AFP. Toutes les tentatives pour créer une autre agence de presse ont échoué. Or, en matière d'information, la qualité de l'information tient souvent à la pluralité des vecteurs d'information, gage de liberté et de pluralité des opinions.

Mais la situation la plus préoccupante en France reste celle de la presse, singulièrement de la presse quotidienne. Durement concurrencés par les autres médias et les journaux gratuits, les journaux quotidiens survivent très difficilement. Beaucoup accusent d'importants déficits et changent régulièrement leur maquette dans l'espoir d'attirer de nouveaux lecteurs. Seule la presse quotidienne régionale semble trouver un point d'équilibre. Il est regrettable pour la qualité de l'information que la presse d'opinion ait quasiment disparu dans la France actuelle.

Au-delà de la simple transmission de l'information, la presse écrite a pour vocation de transmettre une analyse et d'inviter son lecteur à réfléchir à l'actualité. Une bonne information est une information où celui qui la reçoit dispose des outils pour se forger lui-même son opinion. À cet égard, la situation française actuelle de la presse est très préoccupante.

Libre et facile d'accès par de multiples vecteurs, l'information a considérablement progressé ces cinquante dernières années en France. Radio, télévision et Internet ont détrôné la presse dans son rôle de transmission de l'actualité. Pour autant, une information de qualité implique que celui qui la reçoit soit en mesure de la comprendre dans tous ses enjeux et se forger une opinion libre. À cet égard, l'école a un rôle essentiel à jouer dans l'apprentissage du décryptage de l'actualité et la découverte de la presse écrite comme rouage fondamental de la circulation de l'information.

SUJET INÉDIT N° 2 DE L'ÉPREUVE DE CAS PRATIQUE

Durée : 3 heures.
Coefficient 2.
Niveau de difficulté : ✪✪
Résolution de cas pratiques permettant de vérifier l'aptitude du candidat à présenter les éléments d'un dossier et pouvant comporter la réponse à des questions sur ce dossier, la rédaction d'un document, la mise au point d'un tableau de chiffres.
Toute note inférieure à 5/20 est éliminatoire.

REMARQUES IMPORTANTES

- Sous peine d'annulation de leur copie, les candidats ne doivent porter aucun signe distinctif (nom, prénom, lieu, etc.) sur la partie réservée à la rédaction.
- L'usage d'une calculatrice est autorisé (les téléphones portables sont interdits).
- L'utilisation de tout autre document est interdite.

Documents du dossier

Document n° 1 : Charles Daisay, « Vacances d'été, quelles sont les habitudes des Français ? », *Le Figaro*, 3 juillet 2018.
Document n° 2 : Philippe Fabry, « Les Français et les sites Internet dans le tourisme », www.etourisme.info, 20 décembre 2017.
Document n° 3 : Frédéric Bianchi, « Ski : pourquoi la fréquentation des stations françaises a chuté de 13 % en dix ans », *BFM Business*, 26 novembre 2017.
Document n° 4 : AFP, « Les Européens partent moins en vacances », 16 juin 2009.
Document n° 5 : « Les Français partent moins en vacances, mais dépensent plus », *Les Échos*, 10 juin 2016.
Document n° 6 : Extraits de « Les vacances des Français depuis 40 ans », *in* Laurence Dauphin, Marie-Anne Le Garrec et Frédéric Tardieu, *Le Tourisme en France*, Paris, DSPES, Direction du tourisme, ministère de l'Économie, de l'Industrie et de l'Emploi, 2008.

Travail à effectuer

À partir des éléments composant le dossier :

I. Répondez, en quelques lignes, aux questions suivantes.

1. En quoi le rythme et la durée des vacances des Français ont-ils changé depuis quarante ans ?
2. Pourquoi, selon vous, le tourisme en ligne (« e-tourisme ») se développe-t-il ?
3. Définissez l'expression : « contexte morose » (document n° 4).
4. Comment expliquer la diversification grandissante des activités touristiques ?

II. Application

1. À l'aide du document n° 6, réalisez un histogramme indiquant la répartition par séjour des vacances d'été des Français par type d'espace touristique en 2007. Vous indiquerez en abscisse le type d'espace touristique : mer, montagne, campagne, ville, autre espace (y compris lacs), et en ordonnée les pourcentages.
2. À l'aide du document n° 6, réalisez un second histogramme indiquant cette fois la répartition par nuitée des vacances d'été des Français par type d'espace touristique en 2007. Vous indiquerez en abscisse le type d'espace touristique : mer, montagne, campagne, ville, autre espace (y compris lacs) et en ordonnée les pourcentages.
3. Quelles conclusions pouvez-vous tirer de la comparaison des deux histogrammes que vous venez de réaliser ?
4. En mai 2009, les Français prévoyaient de dépenser, pour leurs vacances, 1 717 euros alors qu'en mars 2009, ils prévoyaient de dépenser 1 822 euros. Quelle a été la variation, en pourcentage, de la prévision de dépense des Français entre mars et mai 2009 ? Le résultat en pourcentage doit être arrondi à deux chiffres après la virgule par excès.
5. En mars 2009, les Européens prévoyaient de dépenser 2 066 euros en moyenne par foyer pour leurs vacances et les Espagnols envisageaient d'en dépenser 1 659. De combien, en pourcentage, les Espagnols devraient-ils augmenter leur niveau de dépense pour rejoindre le niveau de dépense moyen des Européens ? Le résultat en pourcentage doit être arrondi à deux chiffres après la virgule par excès.

III. Rédaction

Dans une note de deux pages environ, vous indiquerez, après avoir brièvement défini la notion d'activités dites de « bien-être », les raisons pour lesquelles elles connaissent un succès grandissant et en quoi ces activités reflètent l'état d'esprit et le pouvoir d'achat d'une population. Vous vous appuierez sur les documents et sur vos réflexions personnelles.

Dossier

Document n° 1

Vacances d'été, quelles sont les habitudes des Français ?

Plus de deux tiers des Français comptent partir entre juin et septembre, une majorité privilégiant l'Hexagone, au mois d'août. Franfinance, filiale de la Société générale, dévoile dans une étude où, comment, quand et avec quel budget nos concitoyens partent au soleil.

Alors que la météo rappelle à notre souvenir le début de la période estivale, Franfinance et le CSA publient une étude qui dévoile les habitudes des Français s'agissant de l'organisation et du financement de leurs vacances d'été sur une période allant de début juin à fin septembre.

Premier constat : en majorité, les Français sont des aoûtiens qui partiront quelque part en France, mais une certaine proportion d'entre eux posera ses congés hors saison ou à l'étranger. Au total, selon cette étude, 68 % des Français ont prévu de prendre des vacances cet été. À l'inverse, 32 % ne comptent pas prendre quelques jours au cours de ces quatre mois, parmi lesquels les CSP les moins élevées sont surreprésentées. 68 % encore, c'est la part des vacanciers qui feront le choix de rester en France pour passer leur été, parmi lesquels sont majoritaires les plus de 65 ans et les 35-49 ans, au contraire des Franciliens et surtout des jeunes, les 18-24 ans faisant à 48 % le choix de l'étranger.

Les Français faisant le choix de partir hors saison représentent tout de même 30 % des vacanciers, et sont également répartis sur juin et septembre. En cause, des prix moins chers et des destinations moins bondées. Les retraités sont d'ailleurs particulièrement nombreux (31 %) à choisir le mois de septembre.

Quel budget pour partir ?

Pour deux semaines de vacances dans l'Hexagone, les Français sont 56 % à prévoir moins de 1 000 euros par personne. En ce qui concerne les départs à l'étranger, les sommes consacrées sont plus élevées : la moitié des Français partant en Europe prévoiront de dépenser entre 500 et 1 500 euros. Mais si c'est une chose de définir un budget, il est moins simple de s'y tenir : 82 % prévoient un budget mais la moitié d'entre eux le dépassent, en particulier les plus jeunes qui pour 12 % avouent systématiquement casser leur tirelire. Ceci est compensé par le fait que 70 % prévoient une marge de sécurité supplémentaire d'au moins 500 euros, de quoi couvrir un imprévu.

Sans surprise, les Français vont consacrer leurs premiers postes de dépense au confort : l'hébergement et la restauration arrivent sur les deux premières marches du podium, suivis par les visites. Les jeunes ont en revanche une conception différente des vacances : ils feront le choix d'investir en majorité dans les loisirs et le shopping sur place.

Partir en vacances, et les financer, peut être pour certains un projet de longue haleine : 28 % des estivants disent économiser plus d'un an pour partir en vacances, un chiffre qui atteint 43 % chez les ouvriers. Ce qui peut en pousser à céder à la tentation du crédit : 30 % des Français se déclarent prêts à souscrire un crédit pour s'offrir un voyage, une proportion qui atteint près de la moitié chez les jeunes, plus prodigues que leurs aînés.

Enfin, si une pratique s'est généralisée parmi les vacanciers, c'est bien celle de réserver ses vacances en ligne : 87 % des Français réservent leurs séjours sur Internet, que ce soit sur des sites spécialisés ou, dans une moindre mesure, des sites de promotions.

Charles Daisay, *Le Figaro*, 3 juillet 2018

Document n° 2

Les Français et les sites Internet dans le tourisme

Oui.scnf, antérieurement Voyages-sncf, a fait réaliser par CSA Research une étude sur les Français et les sites Internet dans le tourisme (e-tourisme). Ce travail a été présenté en avant-première à Oui Work, le lieu éphémère de Oui.sncf. On y apprend plusieurs données de cadrage sur les pratiques des Français en matière de numérique et plus particulièrement dans le domaine du tourisme (méthodologie : échantillon représentatif de 1 004 Français âgés de 18 ans et plus).

L'hébergement est en effet ce qui est le plus acheté en ligne, suivi de la mode et des produits culturels. En effet selon cette étude, 59 % des Français ont régulièrement recours à Internet pour réserver/payer un hébergement, 48 % pour acheter leurs billets de train et 45 % pour acheter leurs billets d'avion. À titre de comparaison concernant les autres biens de consommation et services, 49 % des Français achètent régulièrement leurs vêtements en ligne, 43 % des billets de spectacle.

Le nombre de sites Internet dans le tourisme connus (notoriété assistée) par les Français est de 14,6 sites Internet. Les Français déclarent ainsi utiliser en moyenne 3,6 sites pour préparer un voyage.

Les Français sont de plus en plus à la recherche d'information et d'inspiration sur Internet pour préparer un voyage avec de plus en plus l'habitude de réserver en avance pour disposer de tarifs plus attractifs. Le prix reste et demeure ainsi le facteur déterminant d'achat. D'une manière générale, la tendance est donc de penser les sites Internet pour favoriser l'inspiration ou bien proposer des idées de séjours/d'activités (guides de voyage, les incontournables, activités insolites par exemple). On notera entre autres qu'environ 1/3 des Français recherchent de l'inspiration sur les réseaux sociaux.

8 Français sur 10 souhaiteraient que les sites de e-tourisme les accompagnent depuis la préparation du voyage mais aussi pendant leur séjour et jusqu'à leur retour, en leur proposant des services et moyens de transport sur toute la durée de leurs vacances.

Ils sont tout aussi nombreux (80 %) à attendre de la part des acteurs du e-tourisme une plus forte personnalisation des offres, adaptées en fonction de leurs goûts et de leur manière de voyager.

Les attentes les plus importantes pour les Français en ce qui concerne les sites Internet sont à rapprocher de logiques marketing et de service. En effet les attentes prioritaires sont la transparence sur les prix, l'accompagnement et la présence en cas de problème ou d'imprévu, et enfin que les sites web soient facilement utilisables. On constate en effet que les sites Internet ne sont pas forcément très transparents sur les prix (par exemple les frais de dossier qui s'ajoutent au moment de la réservation). Les sites Internet pèchent également souvent en ce qui concerne la relation avec le consommateur (par exemple pour certains sites, c'est le parcours du combattant pour contacter le service client). Les sites Internet ne sont enfin pas toujours faciles à utiliser (vous avez ergonomie et utilisabilité ? funnel de conversion loin d'être optimisé...).

Philippe Fabry, www.etourisme.info, 20 décembre 2017

Document n° 3

Ski : pourquoi la fréquentation des stations françaises a chuté de 13 % en dix ans

Pour la première fois, la France est tombée à la troisième place mondiale pour la fréquentation de ses stations derrière les États-Unis et l'Autriche.
Naguère première destination mondiale pour les amateurs de ski, la France a été dépassée par les États-Unis et l'Autriche. Et ce n'est pas une question de prix. Les stations françaises vont-elles remonter la pente ?
C'est un titre qu'elle aurait bien aimé ne pas perdre. Au début des années 2010, la France était sans conteste la première destination mondiale des amateurs de ski. Mais voici deux saisons ce n'est plus le cas. Il y a deux ans, les États-Unis (au coude à coude avec la France dans les années 2000) lui sont passés définitivement devant. Et désormais l'Autriche fait elle aussi mieux que la France.
Précisément, durant la saison 2016-2017, la France occupait, avec un peu plus de 51 millions de journées-skieurs, la troisième place du podium, distancée donc par l'Autriche (52,1 millions) et les États-Unis (54,7 millions). Et si les poursuivants sont loin derrière, la situation est problématique pour l'Hexagone.

Journées-skieurs

En effet depuis la saison record 2008-2009 (58,9 millions de journées-skieurs), la fréquentation a chuté de plus de 13 %. On pourrait penser que c'est à cause du prix des remontées et des séjours et de l'arbitrage des amateurs de ce sport coûteux en période de crise. Sauf que skier en France est plutôt moins ruineux qu'ailleurs. En moyenne, le forfait est par exemple l'un des moins onéreux du monde. Son prix est inférieur de 17 % à celui qu'il faut payer en Suisse et de 11 % par rapport aux tarifs autrichiens. Le forfait journée coûte ainsi en moyenne en France 38 euros, contre 43 euros en Autriche. Sans même parler de l'exorbitant forfait américain qui dépasse les 84 euros par jour !

L'Autriche investit beaucoup plus dans ses stations

Si ce n'est pas une question de prix, comment s'explique le recul français ? Interrogés, les professionnels du ski mettent d'abord en avant les mauvaises conditions météorologiques de ces dernières années. « Le savoir-faire et l'investissement des domaines skiables ont permis de réduire les conséquences d'un hiver particulièrement difficile. Somme toute, pour un hiver

aux températures exceptionnellement douces et aux précipitations tardives, l'activité globale a bien résisté », explique Domaines skiables de France (DSF).
Mais l'enneigement tardif n'est pas la seule raison. Les stations françaises pâtiraient surtout d'un manque d'investissement par rapport à leurs rivales, notamment autrichiennes. Sur ces quinze dernières années, l'Autriche a investi en moyenne 500 millions d'euros par an dans ses stations contre 300 millions en France. « L'Autriche a fait de gros efforts pour se moderniser et pour offrir une meilleure expérience client à ses skieurs, analyse Virgile Caillet, le délégué général de l'Union sport & cycle. Qualité des services, facilité d'accès, enneigement des pistes... Les stations françaises ont pris du retard ces dernières années. »
Le sous-investissement français se traduit notamment par une plus faible capacité à produire de la neige artificielle. Résultat : avec 30 %, le taux de couverture du domaine skiable français est l'un des plus faibles d'Europe. Il est ainsi de 48 % en Suisse et de 60 % en Autriche.

Des contraintes administratives et des charges

Paradoxalement, en voulant maintenir un forfait abordable pour démocratiser le ski, la France a privé les stations de moyens qui dans le même temps ont vu leurs charges fortement augmenter. Depuis 2000 par exemple, le coût des remontées mécaniques a grimpé de 96 % et les salaires de 55 %. À cela, pestent les professionnels, s'ajoutent les taxes comme celles sur les remontées mécaniques de la loi Montagne et des contraintes administratives comme la difficile sortie des baux immobiliers qui a rendu vétuste le parc de logements dans les stations françaises. Ainsi, 75 % des lits en résidence secondaire ont été construits avant 1990.
Bref, des problèmes structurels auxquels pourrait venir s'ajouter une désaffection de la clientèle internationale. Il faut savoir que les étrangers représentent 27 % de la fréquentation des pistes en France et notamment les Britanniques qui pèsent à eux seuls 10 % du nombre de journées-skieurs. Or avec le Brexit qui se profile, les professionnels craignent une désaffection dans les années à venir.

Des skis de grandes marques loués gratuitement

Bref, un demi-siècle après le plan neige qui a transformé le domaine skiable français en créant les stations dites de troisième et de quatrième génération, les professionnels du ski souhaitent un électrochoc pour remettre la France au premier plan du ski mondial. Les représentants de DSF multiplient les allers-retours aux États-Unis pour tenter de voir comment la première économie mondiale parvient à attirer autant de monde avec des forfaits aussi chers.
De leur côté, les industriels eux multiplient les initiatives dans les stations pour développer le marché comme le Ski Force Winter Tour qui va mettre gratuitement à disposition cette année

des paires de skis de grandes marques (Head, Salomon, Rossignol, Atomic...) aux clients des stations. Car si la fréquentation du ski baisse, les ventes de matériel tiennent pour le moment plutôt bien le choc. Le marché du ski et de la chaussure est parvenu à se maintenir en 2017, à 250 millions d'euros.

Frédéric Bianchi, *BFM Business*, 26 novembre 2017

Document n° 4

Les Européens partent moins en vacances

Sous l'effet de la crise, les Européens sont moins nombreux à partir en vacances cet été et prévoient de restreindre leur budget, une tendance qui est surtout marquée en France, selon le baromètre Ipsos/Europ Assistance publié aujourd'hui. Les deux tiers des Européens (64 %) interrogés en mars 2009 ont déclaré vouloir partir cet été, contre 67 % en 2008, selon cette étude réalisée dans sept pays européens.

La chute est particulièrement drastique pour les Français, dont 66 % déclaraient en mars 2009 vouloir partir, contre 74 % l'an dernier. En mai 2009, la proportion des candidats au voyage parmi les Français est même tombée à 56 %. Dans ce contexte morose, le budget vacances des Européens est sensiblement revu à la baisse : ils prévoient de dépenser 2 066 euros en moyenne par foyer, contre 2 206 euros en 2008, indique cette enquête menée auprès d'Allemands, Français, Britanniques, Italiens, Espagnols, Belges et Autrichiens.

Le budget vacances des Français tombe à 1 717 euros (chiffres de mai 2009), contre 1 822 euros prévus en mars 2009 et 1 934 euros en 2008. Seuls les Espagnols comptent dépenser encore moins, avec 1 659 euros en mars 2009, contre 1 764 euros en 2008.

Les dépenses des Français et des Espagnols sont inférieures à la moyenne, phénomène attribué généralement à leur forte propension à faire du tourisme dans leur propre pays.

78 % des Européens comptent rester en Europe en 2009, contre 76 % en 2008, et 46 % (+ 1 point) séjourneront dans leur propre pays. Leurs destinations privilégiées sont l'Italie (21 %, + 3 points) et l'Espagne (17 %, + 1 point), qui détrônent cet été la France (16 %, - 2 points).

Les Français seront moins nombreux à rester en France (54 %, - 9 points) et plus généralement en Europe (72 %, - 6 points), mais plus nombreux à se rendre en Afrique (11 %, + 4 points).

La grande majorité des vacanciers français restent apparemment insensibles à la menace de la grippe porcine, car seuls 8 % d'entre eux ont déclaré modifier leur choix de destination en raison de l'épidémie.

L'enquête a été réalisée par téléphone entre le 16 février et le 27 mars 2009 auprès d'un échantillon de 3 500 personnes résidant en Europe, selon la méthode des quotas. 456 Français ont été interrogés à nouveau les 15 et 16 mai 2009.

AFP, 16 juin 2009

Document n° 5

Les Français partent moins en vacances, mais dépensent plus

Un peu plus de 27 millions de Français prévoient de partir en vacances cet été, avec un budget moyen de 1 346 euros. Comme chaque année, les Français sont de moins en moins nombreux à s'accorder des vacances estivales. Cet été, un peu plus de 27 millions d'entre eux envisagent de partir, soit légèrement moins qu'en 2015. En revanche, le budget consacré aux vacances est en hausse, selon une étude du cabinet Protourisme[1].

D'après les calculs du cabinet, un total de 27,6 millions de Français ont l'intention de partir durant l'été - contre 28,9 millions en 2015, une année qui avait été particulièrement faste en termes de départs. « Ces chiffres peuvent encore évoluer car 3 millions de nos concitoyens se montrent indécis et sont susceptibles de partir en dernière minute en fonction d'opportunités tarifaires ou d'une météorologie favorable », souligne Protourisme. « Néanmoins », estime le cabinet, « à un mois des vacances, la tendance est à la baisse ».

À l'étranger pour éviter les grèves

Sur 27,6 millions de partants, 20,1 millions vont opter pour une destination en France (soit 1,5 million de personnes en moins que l'été dernier), et 7,5 millions pour l'étranger. « Dans ce sondage, il y a plus d'intentions de départs pour l'étranger que lors du même sondage que nous avions réalisé en mars ; à l'évidence, le contexte social joue » et la succession de grèves, blocages et manifestations a pesé, souligne Didier Arino, directeur de Protourisme.

Un hébergement marchand (hôtel, camping, village-vacances, etc.) est envisagé par 19,7 millions de personnes, un chiffre en légère baisse (- 300 000 personnes) sur un an. Le camping attire un quart d'entre eux, « soit une hausse de 500 000 vacanciers », souligne Protourisme.

Plus 73 euros de budget

Le budget moyen qui sera consacré aux vacances d'été est cependant en hausse par rapport à l'année dernière, atteignant 1 346 euros (pour un séjour moyen de douze jours) contre 1 273 euros l'été dernier. Il retrouve cependant un niveau comparable à l'été 2014, où il avait atteint 1 312 euros. Cette progression du budget moyen est notamment « tirée vers le haut par la part plus importante des partants à l'étranger », note l'étude.

1. Étude réalisée selon la méthode des quotas auprès de 2 024 personnes entre le 22 mai et le 1er juin.

CAS PRATIQUE

Protourisme souligne également que la part des petits budgets (moins de 500 euros pour les vacances de cet été) progresse et atteint 30 % des partants, contre 26 % en 2015. La proportion des gros budgets (plus de 2 000 euros) augmente elle aussi, atteignant 22 % des partants, contre 20 % en 2015.

Les Échos, 10 juin 2016

Document n° 6

Extrait de « Les vacances des Français depuis 40 ans »

Durée moyenne des séjours selon l'âge et la génération

Entre 1964 et 2004, les personnes vivant en France sont parties de plus en plus nombreuses en vacances. Leur taux de départ est ainsi passé de 43 % à 65 %. Les personnes nées entre 1940 et 1944 ont été les premières à connaître un fort taux de départ. L'habitude de partir en vacances s'est ensuite diffusée de génération en génération. Au-delà de cette évolution historique, les pratiques de vacances sont aujourd'hui plus liées à l'âge des vacanciers qu'à leur génération. Désormais, ce sont les jeunes retraités qui partent le plus, et les générations nombreuses des baby-boomers devraient venir nourrir le phénomène de « tourisme des seniors » dans les années à venir.
Pour leurs vacances d'été, les Français privilégient nettement le bord de mer, où ils passent 46 % de leurs nuitées. Ils résident majoritairement en hébergement non marchand (chez la famille, les amis ou dans leur résidence secondaire). Leurs activités favorites sont la promenade, la plage, ainsi que la visite de villes, de monuments ou de sites naturels. D'octobre 2006 à mars 2007, la moitié des Français âgés de 15 ans ou plus sont partis au moins une fois en voyage. Enfin, les vacances à l'étranger se multiplient.

Depuis quarante ans, les personnes résidant en France ont été plus nombreuses tous les ans à partir en vacances. En 1964, 43 % d'entre elles partaient au moins une fois dans l'année pour un séjour de 4 nuits minimum ; dix ans plus tard elles étaient 51 % et 65 % quarante ans plus tard. Ce taux de départ a crû très rapidement entre 1964 et 1989 ; il progresse ensuite plus lentement. Son augmentation est essentiellement due à un comportement générationnel, les nouvelles générations partant systématiquement plus que leurs aînées au même âge. Ainsi, la génération née entre 1940 et 1944 est la première à connaître un taux de départ moyen supérieur à 60 % sur l'ensemble de sa vie. Toutes les générations suivantes ont un taux de départ moyen au cours de leur vie compris entre 60 % et 65 %.

Les retraités partent le plus longtemps...

Le nombre de personnes qui partent augmente et les comportements touristiques évoluent. Afin de mieux anticiper ces nouveaux comportements, il convient de séparer ce qui provient d'un « effet âge » de ce qui provient d'un « effet génération ».

En 1979, 60 % des nuitées étaient le fait des moins de 35 ans et cette part diminuait progressivement avec l'âge. En 2004, les jours de vacances sont plus également répartis sur tous les âges de la vie ; parmi les personnes qui prennent des vacances, ce sont les 65 ans et plus qui partent le plus longtemps : 37 jours en moyenne en 2004 contre 26 jours pour l'ensemble de la population. Aujourd'hui, ce n'est qu'à partir de 70 ans que l'on commence à observer une baisse des nuitées qui correspond à des taux de départ plus faibles.
Parallèlement, ceux qui partent en vacances le font plus souvent. Ainsi, en 1968, les vacanciers effectuaient en moyenne 1,5 séjour par an alors qu'en 2004, ils partent en moyenne 2,2 fois. Là aussi, la génération née entre 1940 et 1944 montre la voie ; c'est la première à partir en vacances en moyenne deux fois par an. Pour les générations suivantes, le nombre de séjours par partant est compris entre 2 et 2,5. En revanche, les générations d'avant-guerre mettront trente ans pour passer d'un à deux séjours par an. Ces différences dans les pratiques touristiques, qui permettaient à chaque génération de creuser l'écart avec la précédente, se sont estompées au profit d'un comportement plus dépendant de l'âge. Ainsi, de plus en plus, quels que soient la génération, les taux de départ et les pratiques de vacances, comme le nombre des séjours ou leur durée, se rapprochent et varient de la même façon en fonction du cycle de vie.

… et les moins de 20 ans sont les plus nombreux à partir

C'est surtout parmi les générations nées après 1970 que les moins de 20 ans sont les plus nombreux à partir en vacances : en 2004, 72 % des jeunes de moins de 20 ans sont partis. À cet âge, ils connaissent de nombreuses périodes de vacances et ont souvent l'occasion de partir, seuls ou avec leurs parents. Près de la moitié des jeunes qui sont partis en 2004 l'ont fait au moins une fois sans leurs parents. Par ailleurs, l'augmentation du nombre d'enfants dont les parents ont divorcé contribue à multiplier, pour cette tranche d'âge, les occasions de départs. En revanche, les 20-24 ans partent relativement moins en vacances que les autres : seulement 59 % d'entre eux sont partis en 2004. Cette période charnière, qui correspond à la fin des études et à l'entrée dans la vie active, ne favorise pas les départs nombreux et prolongés. En effet, les étudiants ont tendance à utiliser les périodes de vacances pour gagner un peu d'argent, tandis que les jeunes actifs n'ont pas encore les moyens de partir. Ainsi, après les raisons financières (43 %), le second motif de non-départ pour les 20-24 ans est un motif d'études ou un motif professionnel (27 %).
Une fois installés dans la vie active, les individus recommencent à partir davantage en vacances quand ils en ont les moyens. Cependant, de 40 à 60 ans, un résidant sur cinq déclare ne pas partir par choix. Enfin, le début de la retraite est très propice aux départs en vacances. Et ce n'est qu'à partir de 70 ans que les séjours touristiques se raréfient, essentiellement pour raison de santé.

La mer est toujours aussi prisée pour les vacances d'été

Répartition des vacances d'été des Français par espace touristique en 2007
Note : les totaux sont supérieurs à 100 % car plusieurs réponses sont possibles.
Sources : SDT - Été 2007, direction du Tourisme ; TNS-Sofres.

	Part des séjours (en %)	Part des nuitées (en %)	Durée moyenne de séjour (en nuitée)
Mer	45,3	49,6	11,2
Montagne	17,6	18,8	10,9
Campagne	30,7	29,9	9,9
Ville	27,3	24,2	9
Autre espace (y compris lacs)	8,5	8,9	10,7

En 2007, le bord de mer reste l'espace privilégié des Français pour leurs vacances d'été : ils y passent la moitié de leurs nuitées. C'est également sur le littoral que les séjours sont les plus longs : ils durent en moyenne 11,2 nuits contre 10,2 nuits pour l'ensemble des vacances.
La répartition par espace touristique demeure similaire d'un été sur l'autre : 30 % des nuitées se déroulent à la campagne, un quart en ville et 17 % à la montagne.
Les séjours urbains sont les plus courts avec neuf nuits en moyenne.
La répartition régionale est stable d'une année sur l'autre. Les régions littorales sont toujours les plus attractives en termes de nuitées. Provence-Alpes-Côte d'Azur recueille 13,4 % des nuitées et Languedoc-Roussillon 11,6 % ; suivent la Bretagne et l'Aquitaine avec 10 % des nuitées, talonnées par Rhône-Alpes qui recueille également 9 % des nuitées, mais qui est la première région en nombre de séjours.
Pour leurs vacances d'été les Français choisissent d'abord les hébergements non marchands : ils résident chez leur famille (30 % des nuitées de vacances) ou leurs amis (6 %) ou encore dans leur résidence secondaire (17 %). Parmi les hébergements marchands, ce sont les locations et les campings qui arrivent en tête avec chacun 11 % des nuitées d'été ; viennent ensuite les hôtels (9 %), les villages vacances et les résidences de tourisme (7 % à eux deux), puis les gîtes et chambres d'hôte (4 %).
La promenade et la randonnée sont les activités les plus pratiquées et concernent 55 % des séjours de vacances. La baignade et la plage viennent en deuxième position ; elles sont en légère baisse en 2007 (30 % des séjours), manifestement en raison des conditions climatiques médiocres de l'été qui ont sévi sur la plupart des régions hormis le littoral méditerranéen. La visite de sites naturels, quatrième activité, est de plus en plus pratiquée en vacances

(20 %), et passe devant les visites de musées, expositions, sites historiques (16 %). Enfin, le shopping en ville arrive en cinquième position : il concerne 12 % des séjours de vacances.

Un Français sur deux part en vacances l'hiver

Répartition des vacances d'hiver des Français par espace touristique[2]

Hiver 2006-2007	Ville en %	Campagne en %	Mer en %	Montagne en %
Répartition des séjours	42,1	34,9	17,6	15,6
Répartition des nuitées	38,6	31,7	26,2	21,7

Sources : SDT-Hiver 2006-2007, direction du Tourisme /TNS-Sofres.

D'octobre 2006 à mars 2007, 48 % des Français âgés de 15 ans ou plus sont partis au moins une fois en voyage. Ce semestre d'hiver comprend non seulement les « vacances d'hiver » (en février) mais aussi les vacances de la Toussaint et les vacances de Noël. Ce qui explique que la montagne n'est pas la principale destination des Français pour leurs vacances d'hiver. En effet, les espaces les plus fréquentés sont la ville et la campagne (respectivement 42 % et 35 % des séjours), tandis que le bord de mer accueille 18 % des séjours et la montagne 16 %. Le faible enneigement, en particulier au début de l'hiver 2006-2007, a probablement favorisé les séjours à la mer au détriment des séjours à la montagne. La part des nuitées à la montagne a en effet reculé de 2 % par rapport à la saison d'hiver précédente. *A contrario*, la part des séjours au bord de la mer a progressé de 1 % tandis que celle des séjours en ville et à la campagne reste stable. En effet, les séjours en ville et à la campagne sont plutôt des séjours affinitaires (dans la famille à Noël par exemple ou chez des amis), moins soumis aux variations conjoncturelles comme la météo que les séjours d'agrément (vacances, loisirs...). Néanmoins, la montagne reste évidemment plus fréquentée l'hiver avec environ 22 % des nuitées en séjours personnels que l'été (17 %).

Les Français restent très majoritairement sur le territoire hexagonal lors de leurs vacances hivernales. En effet, entre octobre 2006 et mars 2007, ils ont effectué 90 % de leurs séjours personnels en France métropolitaine ; la moitié de ces séjours était consacrée à leur famille, 12 % à des visites à des amis et 27 % à des séjours d'agrément.

Laurence Dauphin, Marie-Anne Le Garrec et Frédéric Tardieu, *Le Tourisme en France*, Paris, DSPES, Direction du tourisme, ministère de l'Économie, de l'Industrie et de l'Emploi, 2008

2. Un séjour peut être associé à plusieurs espaces simultanément (Nice est associé à la mer et à la ville par exemple). De ce fait, la somme des pourcentages en ligne excède 100 %.

CORRIGÉ DU SUJET INÉDIT N° 2 DE L'ÉPREUVE DE CAS PRATIQUE

I. Répondez, en quelques lignes, aux questions suivantes.

1. En quoi le rythme et la durée des vacances des Français ont-ils changé depuis quarante ans ?

Depuis une quarantaine d'années, les Français sont de plus en plus nombreux à partir en vacances tous les ans. À mesure que les générations se renouvellent, le nombre de départs en vacances et la durée de ces vacances augmentent. De même, le nombre de séjours annuels tend à croître.

2. Pourquoi, selon vous, le tourisme en ligne (« e-tourisme ») se développe-t-il ?

Le tourisme en ligne connaît un indéniable succès en raison notamment de sa simplicité d'accès : chez soi ou au bureau, chacun peut organiser facilement ses vacances. Il est possible, par exemple, de voir les photos de son futur hôtel et de sa location de vacances. Il est également aisé de comparer les prix et les prestations des professionnels du tourisme. Cette simplicité d'accès et d'organisation, conjuguée au sentiment - réel ou supposé - d'une transparence du marché des vacances, est la principale explication du développement du tourisme en ligne.

3. Définissez l'expression : « contexte morose » (document n° 4).

L'expression « contexte morose » fait directement référence à la crise économique mondiale qui est en cours depuis l'été 2008. Une des conséquences de cette crise économique est la baisse du nombre de départs en vacances.

4. Comment expliquer la diversification grandissante des activités touristiques ?

La diversification grandissante des activités touristiques répond à la diversification et à l'augmentation parallèles des vacanciers. De plus en plus nombreux à partir, pour des séjours plus nombreux et plus longs, les vacanciers aspirent à trouver des activités faciles d'accès, à moindre coût et variées. Il est donc logique que l'économie du tourisme, particulièrement concurrentielle, s'efforce d'offrir des prestations adaptées à une demande si protéiforme.

II. Application

1. À l'aide du document n° 6, réalisez un histogramme indiquant la répartition par séjour des vacances d'été des Français par type d'espace touristique en 2007. Vous indiquerez en abscisse le type d'espace touristique : mer, montagne, campagne, ville, autre espace (y compris lacs), et en ordonnée les pourcentages.

Répartition par séjour des vacances d'été des Français par type d'espace touristique en 2007 :

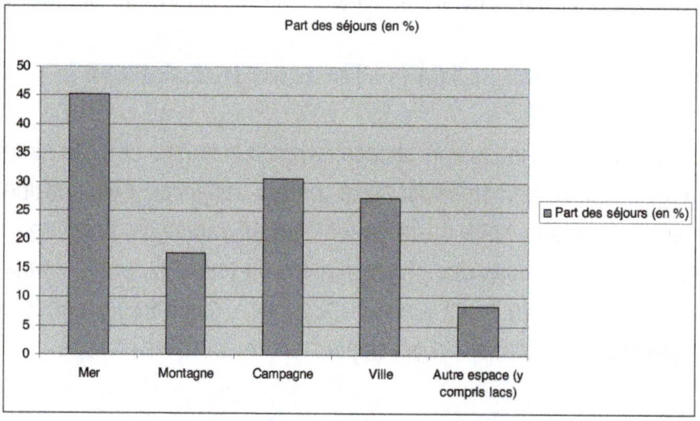

2. À l'aide du document n° 6, réalisez un second histogramme indiquant cette fois la répartition par nuitée des vacances d'été des Français par type d'espace touristique en 2007. Vous indiquerez en abscisse le type d'espace touristique : mer, montagne, campagne, ville, autre espace (y compris lacs) et en ordonnée les pourcentages.

Répartition par nuitées des vacances d'été des Français par type d'espace touristique en 2007 :

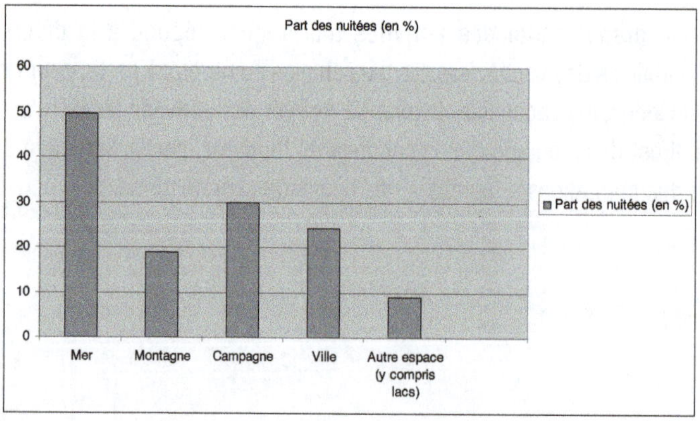

3. Quelles conclusions pouvez-vous tirer de la comparaison des deux histogrammes que vous venez de réaliser ?

À la lumière des deux histogrammes, il apparaît que la répartition par type de séjour est sensiblement égale à la répartition des nuitées. Par conséquent, le nombre de nuitées est relativement proche quel que soit le type de séjour.

4. En mai 2009, les Français prévoyaient de dépenser, pour leurs vacances, 1 717 euros alors qu'en mars 2009, ils prévoyaient de dépenser 1 822 euros. Quelle a été la variation, en pourcentage, de la prévision de dépense des Français entre mars et mai 2009 ? Le résultat en pourcentage doit être arrondi à deux chiffres après la virgule par excès.

Entre mars et mai 2009, la variation de la prévision de dépense des Français a été de - 5,77 %.

Explication : pour calculer cette variation, il faut diviser les prévisions de dépense de mai 2009 (1 717 euros) par celle de mars 2009 (1 822 euros). Ensuite, il faut soustraire 1 au résultat obtenu et multiplier par 100 pour obtenir un pourcentage, tout en respectant la règle d'arrondi.

5. En mars 2009, les Européens prévoyaient de dépenser 2 066 euros en moyenne par foyer pour leurs vacances et les Espagnols envisageaient d'en dépenser 1 659. De combien, en pourcentage, les Espagnols devraient-ils augmenter leur niveau de dépense pour rejoindre le niveau de dépense moyen des Européens ? Le résultat en pourcentage doit être arrondi à deux chiffres après la virgule par excès.

Pour rejoindre le niveau de dépense moyen des Européens, les Espagnols doivent augmenter leur niveau de dépense de 24,54 %.

Explication : pour calculer, il faut diviser la dépense moyenne des Européens (2 066 euros) par celle des Espagnols (1 659 euros). Ensuite, il faut soustraire 1 au résultat obtenu et multiplier par 100 pour obtenir un pourcentage, tout en respectant la règle d'arrondi.

III. Rédaction

Dans une note de deux pages environ, vous indiquerez, après avoir brièvement défini la notion d'activités dites de « bien-être », les raisons pour lesquelles elles connaissent un succès grandissant et en quoi ces activités reflètent l'état d'esprit et le pouvoir d'achat d'une population. Vous vous appuierez sur les documents et sur vos réflexions personnelles.

CAS PRATIQUE

Le succès des activités dites de « bien-être » constitue l'un des traits de plus marquants de l'évolution des loisirs en France depuis une dizaine d'années. Mêlant à la fois les activités de relaxation, de détente, de plaisir ou de santé, le concept de « bien-être » s'avère délicat à définir et à circonscrire. De manière quelque peu élargie, il est possible de considérer que les activités dites de « bien-être » sont celles qui recherchent un épanouissement direct de la personne.

Dans une France perdant nombre de ses repères traditionnels et dans laquelle le repli individuel se fait chaque jour plus grand, les activités de « bien-être » donnent souvent l'impression d'incarner le « moment pour soi » que la société ou l'entourage n'est plus à même d'offrir. Habitants de grandes villes, cadres stressés et jeunes femmes prenant conscience du temps qui passe sont quelques-unes des clientèles privilégiées de ce type d'activités. Dans ces univers aux lumières et aux ambiances musicales savamment étudiées, un nombre grandissant de personnes cherche à « se ressourcer ». Concept clé de ce type d'activité, « se ressourcer » devient le credo de la plupart des prestataires, au même titre que la « réalisation de soi » chère aux thérapeutes sociaux.

Devenus des luxes en Occident, le silence, la fraîcheur et la solitude sont ainsi recherchés par une large fraction de la population. Peu importe la vocation médicale ou curative - réelle ou proclamée - de ce type d'activités, l'essentiel est ailleurs : il s'agit de passer un moment privilégié dans un cadre agréable auprès d'un personnel dévoué. Finalement, en contrepoint ou en négatif, le succès commercial du « bien-être » illustre quelques-unes des tares de notre société. Ainsi, on recherche le calme quand le bruit et la foule anonyme règnent ailleurs en maîtres, le caractère dépouillé du décor est apprécié alors que nos villes sont envahies par la publicité et le clinquant, l'amabilité du personnel contraste avec l'agressivité de beaucoup de rapports sociaux.

Bien entendu, cette « bulle de bien-être » s'avère inégalement choyée. Concept commercial finement étudié et amplement rodé, le « bien-être » s'adresse à une clientèle solvable et disponible. Ainsi, les cadres et professions assimilées figurent parmi les principales « cibles » des prestataires de ce type d'activités. En raison d'un mode de vie citadin et généralement sédentaire, de ressources financières supérieures au reste de la population et d'un désir de « coupure » avec un environnement personnel ou professionnel parfois dégradé, ces personnes sont à la recherche de ce « bien-être ». Subsidiairement, la diminution du temps de travail et un attrait pour les produits « naturels » complètent l'éventail des raisons sociales et personnelles expliquant leur goût pour les activités dites de « bien-être ».

À cet éventail de raisons, diverses et parfois contradictoires, l'offre marchande propose une multitude d'activités. Ainsi, aux côtés des soins esthétiques traditionnels, les massages asiatiques et hammams orientaux s'adressent à ceux qui recherchent une part d'exotisme. De même, les bains bouillonnants, les Spa et autres jets d'eau massants sont devenus un investissement obligatoire pour tout hôtel d'une certaine tenue. Il est d'ailleurs remarquable que ce même type d'équipements se retrouve de plus en plus dans les maisons ou les appartements. Il n'est alors plus besoin de sortir de chez soi pour pratiquer ce genre d'activités de « bien-être ».

SUJET INÉDIT N° 3 DE L'ÉPREUVE DE CAS PRATIQUE

Durée : 3 heures.
Coefficient 2.
Niveau de difficulté : ✪✪
Résolution de cas pratiques permettant de vérifier l'aptitude du candidat à présenter les éléments d'un dossier et pouvant comporter la réponse à des questions sur ce dossier, la rédaction d'un document, la mise au point d'un tableau de chiffres.
Toute note inférieure à 5/20 est éliminatoire.

REMARQUES IMPORTANTES

- Sous peine d'annulation de leur copie, les candidats ne doivent porter aucun signe distinctif (nom, prénom, lieu, etc.) sur la partie réservée à la rédaction.
- L'usage d'une calculatrice est autorisé (les téléphones portables sont interdits).
- L'utilisation de tout autre document est interdite.

Documents du dossier

Document n° 1 : Emmanuel Grassland, « L'Europe face au gonflement de la bulle photovoltaïque », *Les Échos*, 24 février 2011.
Document n° 2 : René Trégouët, sénateur honoraire, fondateur du Groupe de prospective du Sénat, « Il faut donner une valeur économique à la nature pour mieux la préserver », 5 novembre 2010.
Document n° 3 : UFE, « Climat ou pouvoir d'achat : faut-il choisir ? », *La Tribune*, 3 décembre 2018.
Document n° 4 : Discours du président de la République française, Emmanuel Macron, présentant le projet du Pacte mondial de l'environnement à l'ONU, « Le Pacte écologique mondial », 19 septembre 2017.

Travail à effectuer

À partir des éléments composant le dossier :

I. Répondez, en quelques lignes, aux questions suivantes.

1. Définissez les mots : « rétroactive » (document n° 1), « biodiversité » (document n° 2).
2. Quelles sont les principales caractéristiques de la filière photovoltaïque ?
3. Peut-on affirmer que le coût des énergies renouvelables est plus élevé que celui des énergies fossiles ?

4. Quels sont les moyens d'action d'ordre économique à la disposition des pouvoirs publics pour diminuer les atteintes à l'environnement ?
5. Quels sont les moyens et l'intérêt de donner une valeur économique à la nature ?

II. Application

Pour l'ensemble des questions, le candidat précisera les calculs qu'il aura été amené à réaliser.

1. L'entreprise BIOSOL-ELEC produit de l'électricité à partir de quatre sources :
- installations photovoltaïques (uniquement des parcs au sol) ;
- biomasse ;
- hydroélectricité ;
- éolien terrestre.

En 2010, 5 000 mégawattheures (MWh) d'électricité lui ont été rachetés :
- 775 MWh ont été produits grâce au photovoltaïque ;
- 2 318 MWh ont été produits par de l'éolien terrestre ;
- EDF lui a également racheté pour 74 250 euros des MWh produits par de la biomasse.

À partir des informations ci-dessus et des tarifs indiqués dans le document n° 1, recopiez et complétez le tableau suivant :

Type	Photovoltaïque	Hydroélectricité	Biomasse	Éolien terrestre	Total
Énergie (MWh)					5 000
Prix (Euros)			74 250		

2. À l'aide du document n° 2, répondez aux questions suivantes.
a) Exprimez, en milliards d'euros, le produit intérieur brut (PIB) mondial.
b) Quel pourcentage de ce PIB représente la valeur estimée de la pollinisation par les insectes ?

Seuls les trois premiers chiffres après la virgule seront retenus.

3. D'après le document n° 3, l'Europe prévoit un investissement de 1 000 milliards d'euros dans le secteur des énergies de 2011 à 2020 inclus. En prenant une population européenne constante de 500 millions d'habitants, quel montant cela représente-t-il par an et par habitant ?

III. Rédaction

Dans une note de deux pages environ, vous expliquerez, en vous appuyant sur les documents du dossier et vos réflexions personnelles si le développement économique et la protection de l'environnement sont compatibles.

CAS PRATIQUE

Dossier

Document n° 1

L'Europe face au gonflement de la bulle photovoltaïque

La filière solaire a pris des allures de « patate chaude » pour les gouvernements européens. Effrayés par la croissance très rapide des installations, l'Espagne, la France, la Grande-Bretagne ou l'Allemagne sont en train de revoir brutalement leur politique de soutien au photovoltaïque, après avoir pourtant tout mis en œuvre pour assurer son essor.

D'ici au 8 mars, l'État français va publier un décret instaurant un nouveau cadre de régulation pour la filière. Celui-ci va imposer des appels d'offres pour les fermes au sol et les grandes toitures, a indiqué mardi le gouvernement, et une baisse de 20 % des tarifs d'achat de l'électricité solaire. Ce sera la troisième baisse depuis janvier 2010, alors même que l'ancien ministre de l'Écologie, Jean-Louis Borloo, avait promis aux professionnels une stabilité des tarifs entre 2010 et 2012. Voilà deux semaines, Londres a aussi annoncé une remise à plat de son système. Le pays s'inquiète de la multiplication des installations de très grande taille au moment même où la Grande-Bretagne s'impose une cure d'austérité budgétaire.

En Espagne, la remise en cause est encore plus violente. Fin janvier, Madrid a décidé de réduire le nombre d'heures de fonctionnement des installations solaires de 30 % pendant deux ans. Une mesure rétroactive jugée « inacceptable » par Bruxelles et qui a déclenché la colère des professionnels et des investisseurs. Voilà trois ans, l'Espagne avait déjà pris des mesures radicales en la matière. Madrid avait limité l'installation de panneaux à un quota de 500 mégawatts par an, afin de limiter la croissance vertigineuse du nombre de parcs.

En Europe centrale, les aides au photovoltaïque subissent aussi un violent coup de frein. À l'automne, la République tchèque a créé un nouvel impôt d'un montant de 26 %, qui va frapper les parcs de plus de 30 kilowatts pendant les trois ans à venir. Cette mesure rétroactive viole clairement les conditions garanties aux entrepreneurs, mais elle permet de limiter la hausse des tarifs de l'électricité à 5,5 % en 2011 selon le gouvernement.

Le système est-il plus stable dans les pays les plus avancés ? Pas vraiment... Fin janvier, l'Allemagne a décidé d'avancer de six mois la date des prochaines baisses des tarifs. Ceux-ci pourraient diminuer de 3 % à 15 % au 1er juillet selon la croissance du secteur. Le pays a beau constituer le plus grand marché de la planète, avec plus de la moitié des capacités installées, la surchauffe y dépasse toutes les prévisions. L'an dernier, le nombre d'installations a encore doublé pour atteindre plus de 8 gigawatts ! Quels que soient les pays, rien n'y fait. À la différence de l'éolien ou de la biomasse, le solaire reste une filière difficile à gérer. Quelles sont les raisons de cette spécificité ?

Le photovoltaïque est tout d'abord une filière onéreuse. En France, le tarif de rachat varie de 276 euros par mégawattheure pour les parcs au sol à 580 euros par mégawattheure pour les installations situées sur les toits des particuliers. En comparaison, l'hydroélectricité coûte environ 60 euros le mégawattheure, l'éolien terrestre 70 euros et la biomasse 110 euros. Surtout, l'écart entre les tarifs d'achat de l'électricité solaire imposés à EDF et les prix de marché de l'électricité (50,50 euros par mégawattheure pour une livraison en mars 2011) est énorme. Or cet écart est financé par les consommateurs d'électricité *via* la contribution au service public de l'électricité (CSPE). Avant l'instauration d'un moratoire, début décembre, la Commission de régulation de l'énergie avait évalué le coût du photovoltaïque dans la CSPE à 1 milliard d'euros en 2011. Cette contribution aurait nécessité une hausse de la facture des consommateurs de 2 à 3 % selon le régulateur.

Deuxième difficulté, le photovoltaïque est une filière à évolution très rapide. Selon le syndicat des énergies renouvelables, le coût du kilowattheure photovoltaïque a baissé en moyenne de 7 % par an depuis 1980. Avec le développement du marché mondial, cette baisse s'est accélérée pour atteindre des niveaux allant jusqu'à 20 % en 2009. À l'avenir, le phénomène va encore prendre de l'ampleur avec la montée en puissance d'acteurs chinois comme Suntech ou Yingli et l'arrivée des géants coréens ou taïwanais tels que Samsung ou TSMC. D'ici à 2015, le prix des systèmes photovoltaïques devrait encore chuter de 40 %, pronostique déjà l'association des industriels européens du secteur (EPIA). Ce qui pourrait permettre d'atteindre d'ici à cinq ans un coût de production similaire à celui de l'électricité conventionnelle dans le sud de l'Europe.

Troisième difficulté, le photovoltaïque est une filière compliquée, qui regroupe les installations au sol, les panneaux sur grandes toitures et ceux chez les particuliers. En France, on a encore complexifié le système en introduisant le concept des installations intégrées au bâti, et non pas posées sur le toit. Les technologies utilisées varient d'un segment à l'autre. Les performances aussi. Du coup, les gouvernements tâtonnent pour trouver les outils adaptés à chaque famille. En France, l'État a commencé par mettre en place des tarifs d'achat nationaux pour les centrales au sol, avant de les régionaliser, puis de se rallier à un système à base d'appels d'offres. Les tarifs d'achat, eux, ne permettent pas de contrôler les volumes mais ils s'avèrent incontournables pour traiter les milliers de dossiers liés aux petites installations.

Dernière difficulté, la dépendance de la filière vis-à-vis des importations. En France, le déficit de la balance commerciale a été multiplié par quatre en dix ans dans ce secteur pour atteindre 1,5 milliard d'euros en 2010. Selon les statistiques des douanes, les importations chinoises représentent 25 % du total. Dans l'Hexagone, la filière industrielle est en train de se construire, mais les deux tiers des emplois se situent encore en aval, dans l'installation ou l'ingénierie. De quoi susciter des débats au sein de l'État sur l'ampleur des aides à accorder.

Emmanuel Grassland, *Les Échos*, 24 février 2011

Document n° 2

Il faut donner une valeur économique à la nature pour mieux la préserver

Le 29 octobre, un accord international historique, visant à enrayer la disparition alarmante des espèces, a été adopté à Nagoya (Japon) à l'issue de 8 ans de négociations laborieuses par les quelque 190 pays membres de la Convention sur la diversité biologique.

Cet accord très large prévoit notamment un plan stratégique pour 2020 fixant 20 objectifs pour protéger la nature et freiner le rythme alarmant de disparition des espèces, avec en particulier un objectif d'extension des aires protégées à travers le monde, sur terre comme en mer. Il contient également un protocole sur le partage des bénéfices tirés par les industries de la pharmacie et des cosmétiques des ressources génétiques issues des nombreuses espèces (animaux, plantes, micro-organismes) présentes dans les pays du Sud.

L'accord prévoit également d'augmenter les aires protégées de la planète dans les années à venir. Aujourd'hui, elles représentent 13 % de la surface totale des terres. L'objectif pour 2020 est d'atteindre 17 %.

Cet accord constitue un véritable tournant dans la protection mondiale active de la biodiversité. Il est vrai que la situation est alarmante : une espèce d'amphibien sur trois, plus d'un oiseau sur huit, plus d'un mammifère sur cinq sont menacés d'extinction au niveau mondial, selon l'Union internationale pour la conservation de la nature (UICN).

Quelques jours avant cet accord et ce n'est pas un hasard, Pavan Sukhdev, responsable du département des marchés internationaux à la Deutsche Bank de Bombay et économiste indien avait présenté, à la conférence internationale sur la biodiversité de Nagoya, au Japon, un rapport très attendu consacré à l'économie des écosystèmes.

Cette étude intitulée « Les économies des écosystèmes et de la biodiversité » est le fruit de trois ans d'enquête par une centaine d'experts. Elle s'inscrit dans la ligne du fameux rapport Stern qui, en octobre 2006, chiffrait, pour la première fois, le coût économique du réchauffement climatique à 5 500 milliards d'euros dans les vingt ans. Le rapport dirigé par Pavan Sukhdev préconise d'évaluer de la même façon les services que les écosystèmes rendent à l'homme et les pertes associées à leur dégradation.

Cette étude qui fera date évalue l'érosion des biotopes terrestres (forêts, océans, sols) à un coût compris entre 1 350 et 3 100 milliards d'euros chaque année. En comparaison, le FMI estime à 1 150 millions d'euros les pertes bancaires pendant la récente crise financière. En diminuant par deux le rythme de la déforestation d'ici à 2030, les réductions d'émission de CO_2 par année diminueraient de 2 600 milliards d'euros les dégâts causés par le réchauffement sans compter les services de captation de CO_2 rendus par les forêts.

Pavan Sukhdev a dressé la liste des services inestimables et mésestimés que les écosystèmes naturels nous rendent tous les jours : l'approvisionnement en nourriture, en matières premières indispensables, en eau douce, en ressources médicinales, en bois d'habitation et de chauffage, en air pur ; la régulation du climat à l'échelle locale et mondiale, la régulation des événements naturels violents, de l'érosion et de la fertilité des sols, sans oublier l'apport d'habitats protégeant la diversité des animaux terrestres.

Autre exemple saisissant : les insectes pollinisateurs rendent un service agricole estimé à 153 milliards d'euros par an, soit 9,5 % de la valeur de la production agricole mondiale.

À tous ces précieux dons de la nature, sans lesquels nous ne saurions survivre, il faut ajouter l'aide stratégique qu'elle nous fournit aujourd'hui pour réparer les destructions causées par les activités humaines, devenues comparables à des forces géologiques. « Les solutions au changement climatique se trouvent dans les ressources naturelles, explique Pavan Sukhdev. Elles sont nos alliées. »

Au total, ce rapport estime à 23 500 milliards d'euros par an les services rendus par la nature, soit la moitié du PIB mondial ou encore 3 350 euros par terrien !

Le problème vient du fait que l'humanité a trop longtemps cru que les cadeaux de la nature étaient éternels et infinis. Par ailleurs, les innombrables et irremplaçables services rendus par les écosystèmes ont une valeur mais celle-ci n'est ni évaluée, ni comptabilisée dans les documents budgétaires et comptables des États.

Pavan Sukhdev, a d'abord élaboré un projet de « comptabilité environnementale » en Inde, visant à élargir la conception classique du produit intérieur brut (PIB) en lui adjoignant la notion de « durabilité » qui intègre l'évaluation du respect futur des écosystèmes.

Pour l'économiste indien, « l'air, l'eau potable, la captation du carbone par les forêts, la protection contre les inondations grâce aux marécages sont des "biens communs". Chacun d'entre nous en profite et la jouissance que nous en avons ne devrait pas gêner les autres. Pourtant, ils sont aujourd'hui menacés. Pourquoi ? »

Cette constatation est confirmée par un autre rapport de l'ONU publié le 21 octobre et qui montre que 30 millions d'hectares de surfaces cultivées, soit l'équivalent de la superficie de l'Italie, sont perdus chaque année du fait de la dégradation de l'environnement, de l'industrialisation et de l'urbanisation.

En outre, chaque année, des investisseurs expriment leur intérêt dans l'acquisition de plus de 40 millions d'hectares de terres arables. Au total, c'est donc 70 millions d'hectares de terres agricoles (700 000 km^2) qui changent d'affectation ou de modes d'exploitation, ce qui entraîne des conséquences humaines et économiques considérables pour plus de 500 millions de paysans qui dépendent de l'accès à la terre et à l'eau pour leur existence.

Enfin, le rapport sur l'état de la biodiversité en Europe publié en octobre 2010 par l'Agence européenne pour l'environnement (AEE) a confirmé le déclin de nombreuses espèces et habitats naturels. Ce rapport montre également que l'Union européenne (UE) n'atteindra pas l'objectif de stopper la perte de la biodiversité en 2010.

Les écosystèmes aquatiques sont parmi les plus menacés en Europe. Les zones humides (marais et marécages) ont ainsi diminué de 5 % entre 1990 et 2006. Les écosystèmes marins et côtiers ont également perdu une biodiversité considérable dans les décennies récentes, principalement à cause de l'érosion des zones humides côtières, des dunes et des estuaires, de la pollution et de la surpêche.

La biodiversité des écosystèmes agricoles qui dominent les paysages européens a drastiquement diminué. Les populations d'oiseaux des champs ont par exemple décliné de 50 % depuis 1980. Les zones montagneuses, spécialement riches en habitats et en espèces, sont très vulnérables aux changements des pratiques agricoles et touristiques, au développement des infrastructures et au climat.

On voit donc qu'en dépit des efforts accomplis l'érosion de la biodiversité perdure en Europe, ce qui pourrait entraîner de graves conséquences à terme et notamment réduire l'efficacité des mesures prises pour lutter contre le réchauffement climatique.

Face à cette menace, le rapport de l'AEE préconise quatre leviers d'action majeurs : améliorer la mise en œuvre des mesures de protection de la biodiversité, mettre en place une politique cohérente de protection de la biodiversité, promouvoir une approche plus intégrée entre secteurs et institutions et favoriser une prise de conscience du public sur le rôle de la biodiversité.

Ce rapport rejoint celui de Pavan Sukhdev et montre que l'attribution d'une valeur économique à la biodiversité et aux écosystèmes peut jouer un rôle majeur. En effet, l'évaluation rigoureuse et la connaissance de la valeur économique des différents services rendus par les écosystèmes sont devenues des conditions nécessaires à la mise en œuvre de politiques efficaces de prévention et de protection de ces sites et à la détermination des moyens financiers qui doivent y être alloués.

Ces différentes études convergent pour montrer que l'évaluation de la valeur des biens et services rendus par la nature et l'intégration de cette valeur dans les processus de décisions économiques, tant publiques que privées, sont devenues des enjeux politiques majeurs tant au niveau des états qu'au niveau planétaire.

C'est en évaluant à sa juste valeur son irremplaçable capital naturel que l'homme parviendra à mieux le préserver en l'utilisant de manière raisonnable et équitable, pour le plus grand profit de tous. Souhaitons qu'en utilisant pleinement le cadre de l'accord de Nagoya, la communauté internationale va enfin se donner les moyens de relever ce défi qui conditionne la survie de l'humanité.

René Trégouët, sénateur honoraire, fondateur du Groupe de prospective du Sénat,
5 novembre 2010

Document n° 3

Climat ou pouvoir d'achat : faut-il choisir ?

Rendez-vous annuel des acteurs de la filière électrique, le colloque de l'Union française de l'électricité (UFE) s'est tenu le 29 novembre dans un contexte particulier, marqué par les annonces d'Emmanuel Macron deux jours plus tôt sur la Programmation pluriannuelle de l'énergie (PPE) et par les revendications des gilets jaunes.

Intervenant devant les professionnels du secteur, François de Rugy a précisé que les scénarios du gouvernement prévoyaient dans les dix prochaines années une consommation d'électricité « relativement stable », où l'efficacité énergétique et le remplacement de consommations d'énergies fossiles par de l'électricité se compenseraient. Le ministre a en effet souligné que la priorité pour le climat était de lutter contre les usages carbonés dans le chauffage des logements, dans les transports, et dans l'utilisation de l'énergie par les entreprises. Il a estimé que le CO_2 n'était en revanche « pas un sujet » pour l'électricité, déjà peu carbonée en France et qui le serait encore moins à l'avenir avec la fermeture des centrales charbon d'ici 2022.

L'enjeu de l'efficacité énergétique

François de Rugy a également indiqué qu'il avait été interpellé par des porte-parole des gilets jaunes sur l'évolution à venir des prix de l'électricité et qu'il souhaitait que celle-ci soit « la plus modérée possible ».

Rassemblés autour d'une même table ronde, les dirigeants des plus grandes entreprises françaises de l'énergie ont tous mis l'accent sur l'importance de l'efficacité énergétique pour répondre au double enjeu du climat et des factures, unanimité dont s'est félicitée Christel Heydemann (Schneider France). Isabelle Kocher (Engie) a ainsi apporté son soutien à la trajectoire pluriannuelle de fiscalité carbone, estimant qu'il fallait surtout agir sur les quantités consommées pour baisser la facture énergétique. Patrick Pouyanné (Total) a regretté qu'en termes d'efficacité énergétique, déjà affichée comme prioritaire lors du Grenelle de l'Environnement, il ne se soit en réalité « pas passé grand-chose » depuis. Pour Jean-Bernard Lévy (EDF), une des causes de ce retard réside dans la complexité des dispositifs administratifs, à l'instar de celle pointée du doigt par Emmanuel Macron sur le chèque énergie.

Un contrat d'étude prospective

Pour les quatre dirigeants, l'acceptabilité des politiques publiques est aussi directement liée à la question des emplois, et ils ont à ce titre regretté le poids insuffisant donné au développement industriel dans les politiques énergétiques françaises et européennes. Placé sous le signe de la coopération, le colloque de l'UFE a en effet mis en avant cette année les partenariats entre acteurs et entre secteurs - au travers d'exemples dans l'énergie, le numérique, le bâtiment, les transports - comme levier pour concilier environnement et compétitivité économique.

En ouverture de la journée, Christine Goubet-Milhaud, présidente de l'UFE, a d'ailleurs estimé que la PPE était le « parfait exemple de ce besoin de transversalité et de coopération ». Elle a annoncé la signature, avec six autres fédérations professionnelles de la filière électrique et le soutien des ministères du Travail et de la Transition écologique, d'un « contrat d'étude prospective » sur l'évolution des emplois et des compétences nécessaires à la réussite des transitions écologique et numérique.

Dans la perspective d'une année charnière pour l'Europe, Christine Goubet-Milhaud a également appelé de ses vœux une Europe où la coopération permette de relever le défi du changement climatique.

UFE, *La Tribune*, 3 décembre 2018

Document n° 4

Le Pacte écologique mondial

« Grâce au droit, grâce à ce Pacte mondial pour l'Environnement, il s'agit d'aller plus loin dans la transformation de nos sociétés, et d'agir résolument. L'organisation des Nations unies est l'enceinte adéquate pour bâtir ensemble ce Pacte mondial pour l'Environnement. Appuyons-nous sur le succès de l'agenda 2030 qui, avec l'accord de Paris, constitue notre feuille de route commune pour transformer le monde » (M. Emmanuel Macron, président de la République française, 19 septembre 2017).

Le président de la République française, Emmanuel Macron, présentant le projet du Pacte mondial de l'environnement à l'ONU, le 19 septembre 2017, aux côtés du secrétaire général des Nations unies, Antonio Guterres.
La France se réjouit de l'adoption de la très importante résolution « Vers un Pacte mondial pour l'Environnement ». C'est une étape primordiale pour mieux protéger l'environnement et la planète. Cette résolution ouvre les travaux d'un futur pacte mondial pour l'environnement comme l'avait souhaité le président Emmanuel Macron lors de sa venue à New York.
Face à l'urgence climatique et environnementale, la communauté internationale doit prendre ses responsabilités. Le temps est maintenant aux travaux concrets pour construire le plus rapidement possible ce Pacte mondial pour l'environnement, outil universel destiné à la protection de l'environnement.

Qu'est-ce que le Pacte mondial pour l'environnement ?

Face à l'aggravation des menaces qui pèsent sur notre environnement et mettent en danger la survie de l'humanité et de la planète, il est urgent d'agir pour bâtir un futur durable.
Partant du constat d'un droit international de l'environnement fragmenté, avec de multiples conventions et déclarations internationales, la France propose aujourd'hui à la communauté internationale d'élaborer de manière concertée un texte unique et cohérent.
Le Pacte mondial pour l'environnement pourrait devenir le premier accord international juridiquement contraignant, rassemblant et harmonisant l'ensemble des droits environnementaux dans un seul et même document. L'objectif est d'avoir à disposition des gouvernements un outil essentiel qui les aiderait à mettre en œuvre les différents principes et règles environnementales dans leur juridiction.
Le Pacte mondial pour l'environnement s'inscrit dans la continuité de la déclaration de Rio, Rio + 20, de l'Agenda 2030 adopté en 2015 et de l'accord de Paris entré en vigueur en 2016.

• L'Agenda 2030 permet, grâce à ses 17 objectifs de développement durable (ODD) de faire le lien entre lutte contre l'extrême pauvreté et préservation de la planète. L'harmonisation du droit de l'environnement international prônée par le pacte facilitera ainsi la mise en œuvre de l'accord 2030.

• L'accord de Paris se concentre spécifiquement sur les changements climatiques. L'adoption d'un Pacte mondial pour l'environnement serait complémentaire en apportant une réponse globale pour définir les grands principes fondamentaux du droit de l'environnement international.

Septembre 2017 : lancement du Pacte mondial pour l'environnement à l'Assemblée générale des Nations unies

Le président Emmanuel Macron a présenté le projet de Pacte mondial pour l'environnement lors d'un « sommet de lancement » qui s'est tenu le 19 septembre 2017 à New York, pendant la semaine ministérielle de l'Assemblée générale des Nations unies.

L'initiative lancée par la France se veut ouverte et inclusive. Le sommet s'est tenu en présence du Secrétaire général des Nations unies, Antonio Guterres, et de Laurent Fabius. Tous les chefs d'États et de gouvernement, ainsi que des représentants de la société civile et du secteur privé ont été invités à participer et soutenir cette initiative.

Le sommet a notamment eu pour objectif de lancer une grande concertation en vue de travailler à l'élaboration du Pacte.

Mai 2018 : adoption de la résolution « Vers un Pacte mondial pour l'environnement »

Le 10 mai 2018, l'assemblée générale des Nations unies a adopté à une très largue majorité la résolution ouvrant la voie à la négociation d'un Pacte mondial pour l'environnement. La France se félicite de l'adoption de cette résolution qui marque une étape déterminante dans la mobilisation de la communauté internationale pour la protection de l'environnement.

Adoptée à une très large majorité (145 voix favorables), la résolution a recueilli une centaine de parrainages de pays, témoignant de la forte adhésion à ce projet. La France remercie les pays qui se sont associés à cette initiative ; elle continuera à travailler avec tous dans un esprit de rassemblement.

Face à la dégradation sans précédent de notre environnement, le Pacte mondial pour l'environnement sera un outil primordial puisqu'il permettra de créer un espace où les mêmes normes environnementales s'appliqueront à tous, quel que soit le pays, ce qui facilitera notamment les démarches des entreprises à l'international et le respect de leurs responsabilités sociales et environnementales.

Par ailleurs, de par sa nature universelle, il ouvrira la voie à la reconnaissance des droits de l'environnement comme « droits fondamentaux » pour tous.

CORRIGÉ DU SUJET INÉDIT N° 3 DE L'ÉPREUVE DE CAS PRATIQUE

I. Répondez, en quelques lignes, aux questions suivantes.

1. Définissez les mots : « rétroactive » (document n° 1), « biodiversité » (document n° 2).

La rétroactivité désigne le fait que des conséquences se répercutent sur des décisions prises antérieurement. En l'espèce, cela désigne le fait que les plans d'aide à l'installation de panneaux photovoltaïques, promis dans le passé, ont été revus à la baisse par la suite.
La biodiversité désigne l'ensemble des espèces vivantes, animales ou végétales, vivant dans un écosystème donné.

2. Quelles sont les principales caractéristiques de la filière photovoltaïque ?

La filière photovoltaïque peut se définir sur la base de quatre grandes caractéristiques. La première est son coût élevé par rapport aux autres énergies. La seconde caractéristique est son caractère évolutif très rapide. De plus, sa mise en œuvre est complexe. Enfin, dernière caractéristique, la filière dépend étroitement des importations. En effet, les panneaux sont très majoritairement fabriqués à l'étranger, notamment en Chine.

Compte tenu de l'ensemble de ces caractéristiques, le développement de la filière photovoltaïque dépend étroitement des aides publiques.

3. Peut-on affirmer que le coût des énergies renouvelables est plus élevé que celui des énergies fossiles ?

Le coût des énergies renouvelables est effectivement plus élevé que celui des énergies fossiles. Plusieurs facteurs expliquent cette situation : le coût de leur installation ne peut être amorti qu'après de nombreuses années, tandis que le recours aux énergies fossiles nécessite moins d'investissements. De même, il existe un aléa important concernant les bonnes conditions climatiques nécessaires au rendement des énergies renouvelables.

Pour autant, il ne faut pas oublier de mettre en rapport le coût des énergies renouvelables avec celui du réchauffement climatique.

4. Quels sont les moyens d'action d'ordre économique à la disposition des pouvoirs publics pour diminuer les atteintes à l'environnement ?

Les pouvoirs publics disposent de deux principaux moyens d'action économique pour limiter les atteintes à l'environnement. Le premier moyen est constitué par le redéploiement de la fiscalité : création de taxes environnementales pénalisant les activités plus nuisibles à l'environnement. Par ailleurs, une nouvelle orientation des subventions vers les énergies renouvelables permet d'accroître leur développement.

5. Quels sont les moyens et l'intérêt de donner une valeur économique à la nature ?

Il est possible de donner une valeur économique à la nature en réalisant une estimation des services rendus au quotidien : octroi de matières premières, agriculture, bois, eau, gaz... De même, les atteintes à l'environnement auront un impact économique défavorable.

L'intérêt d'une telle estimation est de donner une logique économique à la mise en œuvre de politique de préservation de l'environnement.

II. Application

Pour l'ensemble des questions, le candidat précisera les calculs qu'il aura été amené à réaliser.

1. L'entreprise BIOSOL-ELEC produit de l'électricité à partir de quatre sources :
- **installations photovoltaïques (uniquement des parcs au sol) ;**
- **biomasse ;**
- **hydroélectricité ;**
- **éolien terrestre.**

En 2010, 5 000 mégawattheures (MWh) d'électricité lui ont été rachetés :
- **775 MWh ont été produits grâce au photovoltaïque ;**
- **2 318 MWh ont été produits par de l'éolien terrestre ;**
- **EDF lui a également racheté pour 74 250 euros des MWh produits par de la biomasse.**

À partir des informations ci-dessus et des tarifs indiqués dans le document n° 1, recopiez et complétez le tableau suivant :

Type	Photovoltaïque	Hydroélectricité	Biomasse	Éolien terrestre	Total
Énergie (MWh)					5 000
Prix (Euros)			74 250		

Tarifs de rachat de l'électricité produite par :

- le photovoltaïque : 276 euros le MWh (pour les parcs au sol) ;
- l'hydroélectricité : 60 euros le MWh ;
- l'éolien terrestre : 70 euros le MWh ;
- la biomasse : 110 euros le MWh.

Prix de rachat de l'énergie produite par :

- le photovoltaïque : 775 × 276 = 213 900 euros ;
- l'éolien : 2 138 × 70 = 162 260 euros.

Énergie produite par :

- la biomasse : 74 250/110 = 675 MWh ;
- l'hydroélectricité : 5 000 - (755 + 675 + 2 318) = 1 232 MWh.

Prix de rachat de l'électricité produite par l'hydroélectricité : 1 232 × 60 = 73 920 euros.

Type	Photovoltaïque	Hydroélectricité	Biomasse	Éolien terrestre	Total
Énergie (MWh)	**775**	**1 232**	**675**	**2 318**	5 000
Prix (Euros)	**213 900**	**73 920**	74 250	**162 260**	**524 330**

2. À l'aide du document n° 2, répondez aux questions suivantes.

Seuls les trois premiers chiffres après la virgule seront retenus.

a) Exprimez, en milliards d'euros, le produit intérieur brut (PIB) mondial.

Puisque la moitié du PIB mondial est de 23 500 milliards d'euros par an, le PIB mondial est de 23 500 × 2 = 47 500 milliards d'euros par an.

b) Quel pourcentage de ce PIB représente la valeur estimée de la pollinisation par les insectes ?

(153 / 47 500) × 100 = 0,32 %

La valeur estimée de la pollinisation par les insectes représente 0,32 % du PIB mondial.

3. D'après le document n° 3, l'Europe prévoit un investissement de 1 000 milliards d'euros dans le secteur des énergies de 2011 à 2020 inclus. En prenant une population européenne constante de 500 millions d'habitants, quel montant cela représente-t-il par an et par habitant ?

Investissements de 2011 à 2020 (soit une période de 10 ans) : 1 000 milliards d'euros, soit 100 milliards d'euros par an.

D'autre part, 100 000 000 / 500 000 000 = 200 euros par an et par habitant.

L'investissement prévu par l'Europe dans le secteur des énergies représente la somme de 200 euros par an et par habitant.

III. Rédaction

Dans une note de deux pages environ, vous expliquerez, en vous appuyant sur les documents du dossier et vos réflexions personnelles si le développement économique et la protection de l'environnement sont compatibles.

À l'évidence, les besoins énergétiques ont pris une place considérable dans les pays occidentaux. La dépendance énergétique, corrélée à un mode de vie consumériste, entraîne une raréfaction des ressources naturelles et une pollution préoccupante. Depuis les années 2000 et le protocole de Kyoto, les gouvernements se sont engagés dans une importante politique écologique en faveur des énergies renouvelables.
Le mot « écologie » est issu du terme grec *oikos* qui signifie « maison » : l'écologie peut donc être résumée comme l'étude du milieu dans lequel vit l'homme. Il est d'ailleurs singulier de constater que ce terme a fait son apparition durant la seconde moitié du XIXe siècle, au moment même où les pays d'Europe occidentale connaissaient leur révolution industrielle.
En dehors de cette similitude temporelle, l'écologie et le développement industriel semblent avoir connu de multiples oppositions. Il est ainsi courant de rappeler qu'une production massive génère nécessairement d'importants dégâts pour la nature.

Pour autant, si l'écologie et le développement industriel semblent connaître d'importantes contradictions, de nombreux efforts de complémentarité sont aujourd'hui entrepris.

Longtemps montrée du doigt, l'industrie semble, au premier abord, mal s'accorder avec le souci de préservation de l'environnement, objet même de l'écologie actuelle. À ce titre, l'un des reproches majeurs que l'on peut faire à l'industrie est son coût énergétique particulièrement important.
Portant le germe de terribles menaces, le réchauffement climatique constitue un des signes les plus inquiétants de la dégradation de l'environnement à l'échelle planétaire. Les usines sont en grande partie responsables de ce phénomène dans la mesure où leurs fourneaux conduisent dans les airs ou dans les eaux des rejets à haute température.
De même, l'industrie est la principale consommatrice d'électricité, très au-delà de la consommation des ménages. Cette électricité est elle-même issue principalement des centrales nucléaires pour l'essentiel et ces centrales nucléaires peuvent présenter des risques importants pour l'environnement (exemple de Tchernobyl). En outre, l'importance des besoins énergétiques de l'industrie retarde la croissance des énergies alternatives (énergie éolienne, énergie solaire, etc.).
L'accroissement de la production industrielle a donc incontestablement généré des conséquences néfastes pour l'environnement dans la mesure où il présente un coût énergétique particulièrement élevé.
Bien entendu, la pollution constitue une des autres conséquences négatives du développement industriel. La simple production de marchandises ou de biens manufacturés est polluante par elle-même. De fait, les usines rejettent des fumées toxiques dans l'atmosphère, les fleuves et rivières, ou même les océans. Par ailleurs, la production industrielle peut avoir besoin de ressources naturelles en abondance, alors même que certaines - comme l'eau ou les sédiments pétroliers - tendent à se raréfier de façon préoccupante pour l'avenir.
Par la suite, la production industrielle doit être acheminée vers les lieux de vente. Ainsi, les transports aériens et terrestres des marchandises entraînent d'indéniables pollutions (gaz à effet de serre et rejet de dioxyde de carbone notamment). Le développement de la production industrielle est ainsi lié directement à la dégradation de l'environnement naturel de l'homme.

Néanmoins, depuis maintenant plusieurs années, de nombreux efforts de mise en complémentarité entre l'écologie et le développement industriel sont entrepris. Les ménages semblent bel et bien être les premiers acteurs de ces efforts, qui pourraient être ceux voulant accorder la nature et la modernité.
Le caractère polluant des transports est reconnu aujourd'hui par tous. Cette prise de conscience a été suivie chez beaucoup d'un changement de vie dans ses modes de déplacement. Ainsi, notamment dans les grandes villes victimes d'une pollution automobile importante, les déplacements en transports en commun, à pied ou à vélo sont favorisés.

De même, de plus en plus de ménages sont séduits par le concept de la « maison écolo ». Construite dans des matériaux sains, naturels et recyclables - par exemple le bois -, elle est conçue pour consommer moins d'eau et d'électricité. L'énergie alternative, géothermie ou panneaux solaires notamment, est ici particulièrement recherchée.
Outre les efforts des particuliers, on peut constater, en prenant l'exemple de la France, que l'État cherche également à accorder écologie et développement industriel. Ainsi, l'État français a mis en place d'importantes mesures en faveur du développement durable, qui est finalement l'expression d'un accord solide et inscrit dans la durée entre les progrès de l'industrie et la préservation du cadre de vie. Des mesures d'incitation fiscale ou bien encore la prise en compte d'impératifs écologiques dans la construction des bâtiments publics sont des illustrations de cette volonté d'inscrire le respect de la nature au cœur des activités industrielles.
Plus généralement, le principe du « pollueur-payeur » tend à connaître une large mise en œuvre pratique. Les États imposent aux industries les plus polluantes de payer directement le coût de retraitement du recyclage de leurs déchets ou dégâts sur l'environnement. L'écotaxe est ainsi directement inspirée par cette volonté étatique dans nombre de pays industrialisés.

Le monde contemporain prend ainsi de plus en plus en compte la nécessité de préserver notre cadre de vie. Chacun a désormais conscience qu'un développement industriel harmonieux est indissociablement du respect de l'environnement. Pour autant, il est à regretter que cet état d'esprit ne semble trouver d'écho principal que dans les pays occidentaux. Le tiers-monde, majoritaire en population comme en superficie, semble rester en retrait des efforts de conciliation entre développement industriel et écologie.

SUJET INÉDIT N° 4 DE L'ÉPREUVE DE CAS PRATIQUE

Durée : 3 heures.
Coefficient 2.
Niveau de difficulté : ✪✪✪
Résolution de cas pratiques permettant de vérifier l'aptitude du candidat à présenter les éléments d'un dossier et pouvant comporter la réponse à des questions sur ce dossier, la rédaction d'un document, la mise au point d'un tableau de chiffres.
Toute note inférieure à 5/20 est éliminatoire.

REMARQUES IMPORTANTES

- Sous peine d'annulation de leur copie, les candidats ne doivent porter aucun signe distinctif (nom, prénom, lieu, etc.) sur la partie réservée à la rédaction.
- L'usage d'une calculatrice est autorisé (les téléphones portables sont interdits).
- L'utilisation de tout autre document est interdite.

Documents du dossier

Document n° 1 : Stéphanie Alexandre, « Haro sur les dépassements d'honoraires des spécialistes », *Web Figaro*, 25 septembre 2017.
Document n° 2 : « Comment réguler les dépenses de santé ? », http://vie-publique.fr, 2 décembre 2018.
Document n° 3 : « Système de santé, médico-social et social. Pour une prise en charge globale de la personne », ministère des Solidarités et de la Santé, 10 novembre 2017.

Travail à effectuer

À partir des éléments composant le dossier :

I. Répondez, en quelques lignes, aux questions suivantes.

1. Quelles sont les conséquences de l'augmentation des dépassements d'honoraires des médecins spécialistes ?
2. L'effort de maîtrise des dépenses de santé est-il équitablement réparti entre les patients et les médecins spécialistes ?
3. Quelle alternative peut être envisagée à notre système de santé actuel ?

II. Application

Cinq communes limitrophes (A, B, C, D, E) souhaitent mutualiser le coût de construction (investissement) et de fonctionnement d'une maison de soins et de repos destinée aux personnes âgées nécessiteuses. Le coût total de la construction est de 720 000 euros. Les communes ont obtenu une subvention de la région d'un quart du coût total de la construction et une subvention de l'État de 15 %.

Elles ont décidé de répartir le coût total de la construction restant à leur charge entre elles de façon proportionnelle à la distance les séparant de la construction. Le coût annuel de fonctionnement estimé à 24 000 euros sera réparti à 60 % proportionnellement au nombre d'habitants de chaque commune, et à 40 % proportionnellement au nombre de pratiquants de chaque commune.

La commune A compte 10 131 habitants, est distante d'un kilomètre de la maison de soins et de repos et a trois fois plus de personnes âgées nécessiteuses que la commune D.

La commune B compte 30 % du total des habitants des cinq communes et est trois fois plus éloignée de la maison de soins et de repos que la commune A. Elle compte 147 personnes âgées nécessiteuses.

La commune C a 11 fois moins d'habitants que la commune A. Elle est à 4 500 mètres de la maison de soins et de repos, et compte 10 % du total des personnes âgées nécessiteuses des cinq communes.

La commune D est trois fois plus éloignée que la commune B et compte 84 personnes âgées nécessiteuses.

La commune E a 1/3 des habitants de la commune A et est 5 fois moins loin de la maison de soins et de repos que la commune D.

Les cinq communes comptent au total 28 250 habitants et 650 personnes âgées nécessiteuses.

Le maire vous demande de préparer un tableau récapitulatif de la répartition du coût d'investissement et de fonctionnement pour chaque commune. Ce tableau devra faire apparaître uniquement pour chaque commune et pour le total :

- le nombre d'habitants ;
- la distance en kilomètres entre la maison de soins et de repos et la commune ;
- le nombre de personnes âgées nécessiteuses ;
- la répartition du coût d'investissement ;
- la répartition du coût de fonctionnement en distinguant la part de chaque commune en fonction du nombre d'habitants, du nombre de personnes âgées nécessiteuses, le coût total et la proportion en pourcentage pour chaque commune de ce coût total.

Les calculs ne sont pas à justifier. Il conviendra de les arrondir au centième.

III. Rédaction

Dans une note de deux pages environ, vous donnerez votre point de vue sur la possibilité de faire actuellement bénéficier de soins médicaux l'ensemble de la population. Vous vous appuierez sur les documents et sur vos réflexions personnelles.

Dossier

Document n° 1

Haro sur les dépassements d'honoraires des spécialistes

Les dépassements d'honoraires des médecins spécialistes ont progressé deux fois plus vite que l'inflation, en un an, selon l'association de consommateurs UFC Que choisir.
10 % des dépenses de santé des ménages sont consacrées aux dépassements d'honoraires, c'est à la part des tarifs pratiqués par les médecins qui excède celui de la Sécurité sociale, que les médecins de secteur 1 doivent respecter, et qui restent à la charge de l'usager directement ou indirectement, à travers sa complémentaire santé.
Alors même ces frais constituent souvent un obstacle à l'accès aux soins, les résultats de l'étude d'UFC Que choisir sont sans appel ! Les dépassements d'honoraires des spécialistes ont progressé de 1,7 %, entre juillet 2012 et juin 2013. Les pédiatres remportent la palme, avec une explosion de leurs dépassements de 7 %, sur un an. À l'origine de cette hausse : le relèvement des tarifs de près de la moitié des médecins déjà installés et le recours fréquent des dépassements d'honoraires par les nouveaux praticiens. En 2013, un patient doit désormais débourser 52,10 euros en moyenne, pour consulter un spécialiste de secteur 2, soit près du double du tarif conventionnel, fixé à 28 euros.
Par ailleurs, les dépassements augmentent également en fonction de la taille de la ville. Un gynécologue, par exemple, demande en moyenne 57,90 euros dans une ville de plus de 200 000 habitants, soit 59 % de plus que dans une petite ville de moins de 10 000 habitants (36,50 euros) !
Pour mettre un terme à ces dérives tarifaires, l'UFC Que choisir réclame une redéfinition de la rémunération des médecins, afin de rendre le secteur 1 suffisamment attractif et ainsi supprimer à terme les dépassements. L'association réclame également une fermeture pure et simple du secteur 2 aux nouveaux praticiens. En attendant, elle estime qu'il faut plafonner à 40 % de la prise en charge Sécurité sociale.

Stéphanie Alexandre, *Web Figaro*, 25 septembre 2017

Document n° 2

Comment réguler les dépenses de santé ?

Il existe différents moyens de réguler les dépenses de santé. Ils peuvent :

- jouer sur l'offre, c'est-à-dire sur les producteurs de soins (professionnels de santé, établissements de soins...), par exemple, par des *numerus clausus*, la fixation du prix des actes ou des produits de santé... ;
- jouer sur la demande, c'est-à-dire sur les consommateurs de soins, en augmentant leur reste à charge par l'instauration, par exemple, de franchises sur les médicaments, une participation forfaitaire aux consultations chez le médecin... ;
- être incitatifs et viser le changement des comportements des prescripteurs de soins ou des patients, en diffusant, par exemple, des référentiels de bonnes pratiques pour les professionnels de santé ou en lançant des programmes de prévention des risques auprès des assurés ;
- s'attacher à l'organisation globale du système de santé tant dans sa structuration que dans ses modalités de gestion.

Chacun de ces moyens n'est que très rarement mis en œuvre isolément. La maîtrise des dépenses nécessite en effet plus une combinaison et une coordination de différents instruments, tant chacun d'entre eux, utilisé seul, peut avoir des conséquences contre-productives pour le système de soins et son accès par les patients.

http://vie-publique.fr, 2 décembre 2018

Document n° 3

Système de santé, médico-social et social. Pour une prise en charge globale de la personne

Le système de santé français s'appuie sur des structures multiples : sanitaires (pour la prise en charge hospitalière), médico-sociales et sociales (pour des publics dits « fragiles », âgés ou handicapés par exemple), ambulatoires (pour les soins dits « de ville »). Grâce à l'efficacité de son organisation, à l'implication quotidienne de ses professionnels - médicaux, paramédicaux, techniques, administratifs, sociaux - et à sa propension naturelle à innover, il est considéré comme un système d'excellence, reconnu comme tel au niveau international.
Notre système sanitaire et médico-social respecte la liberté de choix du patient et du résident : chaque Français(e) est libre de choisir son médecin traitant, un spécialiste en accès direct, son établissement de santé, sa structure d'hébergement, ceci dans le secteur public comme dans le secteur privé.
Pour autant, les pouvoirs publics incitent depuis plusieurs années à la mise en place d'une médecine de « parcours » - regroupant de santé, de soins, de vie - à même de renforcer la prise en charge des patients et des résidents sur tout le territoire et de décloisonner les secteurs : soins de ville, soins hospitaliers, soins médico-sociaux... L'objectif essentiel est de prévenir, de soigner et d'accompagner de manière globale et continue les patients et les résidents, au plus près de chez eux.
Pour répondre à cet objectif, les pouvoirs publics agissent sur les niveaux national, régional et local pour permettre la coordination de tous les acteurs afin que chaque patient et chaque résident en bénéficie.

Au niveau national : le pilotage par les politiques publiques

Le système de santé reste largement piloté par les pouvoirs publics - au premier rang desquels les ministères chargés de la santé et des affaires sociales, garants de la cohérence de la prise en charge des patients et des résidents - et par l'assurance maladie, qui couvre le risque maladie et professionnel et assure le remboursement des dépenses de santé.
L'État intervient directement dans le financement et l'organisation de l'offre sanitaire et médico-sociale. Pour ce faire, les ministères chargés de la santé et des affaires sociales assument un large éventail de responsabilités, parmi lesquelles :
• le pilotage et la mise en œuvre des politiques de santé publique, de veille et de sécurité sanitaire. Cela, pour préserver et améliorer l'état de santé de la population - par la prévention des maladies chroniques, la lutte contre les risques infectieux ou environnementaux - et la protéger par ailleurs des menaces sanitaires. Pour y parvenir, les ministères s'appuient sur les

agences sanitaires, opérateurs publics dont ils assurent la tutelle ainsi que sur des partenaires indépendants tels que la haute autorité de santé (HAS) ;

- la supervision de l'ensemble des établissements de soins et d'accompagnement, la formation des professionnels de santé. L'État veille à une bonne répartition des structures sanitaires, médico-sociales et ambulatoires sur le territoire national. Mais aussi, à la complémentarité efficace des professionnels de ces structures, afin d'offrir une réponse adaptée et de proximité aux besoins de santé de la population dans chaque territoire local. Dans le cadre de la médecine de parcours, les questions purement sanitaires convergent avec les questions sociales du patient ou de l'usager de la santé : politique familiale, dépendance, handicap, précarité... ;
- le soutien financier aux établissements sanitaires et médico-sociaux, la fixation des tarifs de prestation et la maîtrise des coûts en santé, la tutelle des organismes d'assurance maladie. Chaque année, le parlement vote la loi de financement de la sécurité sociale (LFSS) : elle définit l'objectif national de dépenses d'assurance maladie (ONDAM), qui intègre les soins de ville, hospitaliers et médico-sociaux. À partir de ces montants budgétaires et en fonction des orientations du gouvernement, les ministères élaborent leurs politiques en vue de leur mise en œuvre : santé publique, offre de soins, cohésion sociale, sécurité sociale.

Davantage de responsabilités sont aujourd'hui dévolues au niveau territorial et plus particulièrement aux régions.

Au niveau régional : le relais des politiques nationales

Depuis 2010, des services rénovés de l'État constituent le pivot de l'organisation et de la gestion du système de santé et médico-social au niveau régional.

- En préfiguratrices de la mise en place progressive des parcours, les agences régionales de santé (ARS) assurent la coordination de la prévention, des soins et de l'accompagnement. Elles veillent à une gestion cohérente des ressources pour permettre un accès égal de tous à une prise en charge continue, de qualité et sécurisée.

Pour y parvenir, les ARS déclinent les politiques nationales et les adaptent à leurs caractéristiques régionales (populationnelles, épidémiologiques, géographiques). Cela, par le biais de programmes régionaux de santé (PRS), composés de schémas régionaux de prévention, de schémas régionaux d'organisation des soins (SROS) de ville et hospitaliers, ainsi que de schémas régionaux d'organisation médico-sociale (SROMS) pour les personnes âgées ou dépendantes, handicapées, en situation de précarité. Ainsi, les ARS mettent en place une organisation mieux ancrée dans les territoires, avec un accompagnement plus efficace des professionnels de santé et une évaluation plus fine des besoins des patients.

• En complémentarité avec les ARS, les directions régionales de la jeunesse, des sports et de la cohésion sociale (DRJSCS) portent - prioritairement au service des populations les plus vulnérables - l'ensemble des politiques publiques en matière sociale, sportive, de jeunesse, d'éducation populaire et de vie associative, dans une logique de promotion sociale.
Sur le champ plus particulièrement social, les DRJSCS activent l'ensemble des leviers pour garantir la prévention et la lutte contre les exclusions, la protection des populations vulnérables - enfants, personnes en situation de précarité, âgées ou dépendantes - l'inclusion sociale des personnes handicapées, les actions sociales de la politique de la ville, la lutte contre les discriminations et la promotion de l'égalité des chances, la formation des professions sociales et de santé non médicales.

• Les politiques de sécurité sociale sont également relayées en région, notamment par les caisses primaires d'assurance maladie (CPAM) et les caisses d'assurance retraite et de la santé au travail (CARSAT).
Lutter contre les inégalités, améliorer la répartition locale de l'offre de soins et médico-sociale et mieux adapter les réponses aux spécificités et aux besoins locaux... Autant d'objectifs pour les services régionaux.

Au niveau local : la prise en charge sanitaire, médico-sociale et sociale au plus près des usagers de la santé

Les structures, les établissements et les professionnels s'organisent, sous la supervision des ARS, pour permettre une prise en charge organisée : des « soins primaires » - dits aussi de 1er recours ou de proximité - centrés autour des médecins généralistes, qui assurent également l'orientation de leurs patients, des soins de 2nd recours dispensés par les médecins spécialistes voire de 3e recours en établissement de santé ou en structure adaptée. Cette organisation est conditionnée par une coordination des soins entre tous les acteurs et un renforcement de la permanence des soins - de ville et hospitaliers. C'est l'objectif des parcours de santé, de soins, de vie, prenant le patient ou le résident dans sa globalité.

En France, le système de santé et médico-social se compose :
• de structures de ville - dites aussi ambulatoires - au sein desquelles des professionnels libéraux et salariés exercent à titre individuel en cabinet, en groupe ou de manière coordonnée en maison ou centre de santé : médecins généralistes et spécialistes, chirurgiens-dentistes, pharmaciens, sages-femmes, infirmiers, masseurs-kinésithérapeutes, pédicures-podologues... ;
• d'établissements hospitaliers, répartis en trois grandes catégories : les hôpitaux publics, les cliniques privées à but lucratif et les établissements privés d'intérêt collectif (comme

les hôpitaux privés, les centres de lutte contre le cancer ou de dialyse). Les établissements hospitaliers délivrent des soins généraux (médecine, chirurgie, obstétrique) et/ou plus spécialisés (psychiatrie et santé mentale, par exemple). Ils concourent aussi à la médecine d'urgence avec, répartis sur tout le territoire, des services d'urgence, des services d'aide médicale urgente (SAMU) pour la régulation et des services mobiles d'urgence et de réanimation (SMUR) pour les interventions. Parmi les missions spécifiquement dévolues aux hôpitaux publics, figurent aussi l'enseignement et la formation professionnelle ainsi que la recherche scientifique et médicale ;

- d'établissements médico-sociaux, regroupant entre autres les établissements d'hébergement pour personnes âgées dépendantes (EHPAD) et les structures pour personnes handicapées. Ils ont pour mission d'apporter un accompagnement et une prise en charge aux publics dits « fragiles », en situation de précarité, d'exclusion, de handicap ou de dépendance.

Ces dernières années, des alternatives à l'hospitalisation classique ou à l'hébergement traditionnel se développent à l'initiative des pouvoirs publics et au bénéfice des patients et des résidents eux-mêmes, voire de leurs proches. Parmi ces alternatives :

- la chirurgie ambulatoire pour raccourcir les délais de prise en charge à 12 heures maximum, avec la garantie d'une sécurité des soins et d'un réel suivi médical ;
- la télémédecine (téléconsultation, télé-expertise ou télésurveillance, par exemple), pour réduire le nombre des hospitalisations non nécessaires, limiter les transports inutiles ainsi que la perte de repères chez certains patients, notamment âgés ;
- l'hospitalisation à domicile (HAD) pour maintenir, sous certaines conditions, le confort de vie des patients et de leurs proches ;
- les services de soins infirmiers à domicile (SSIAD) pour une surveillance médicale et autres soins d'hygiène et paramédicaux ;
- l'accueil temporaire en EHPAD pour améliorer la qualité de vie des personnes et accorder un temps de répit aux aidants.

Par ailleurs, des structures spécialisées accueillent de manière adaptée certains patients ou résidents :

- les unités neuro-vasculaires (UNV), qui composent une filière efficace de prise en charge des accidents vasculaires cérébraux (AVC) pour lesquels la réduction du temps d'intervention est primordiale ;
- les consultations et centres spécialisés douleur ;
- les centres spécialisés et intégrés pour les patients obèses afin de rendre à ces derniers l'offre de soins accessible et lisible ;

- les centres de référence et de compétences pour les patients malades rares, qui améliorent l'accès au diagnostic et l'orientation au sein de filières *ad hoc* ;
- les centres mémoire de ressource et de recherche (CM2R), qui reçoivent les personnes dont les troubles nécessitent des examens approfondis, les consultations mémoire pour évaluer les troubles repérés par le médecin traitant et les unités cognitivo-comportementales (UCC), pour accompagner les patients jeunes et âgés atteints de la maladie d'Alzheimer ;
- les maisons pour l'autonomie et l'intégration des malades d'Alzheimer (MAIA), les pôles d'activité et de soins adaptés (PASA) et les unités d'hébergement renforcé (UHR), qui favorisent une meilleure articulation entre les structures de soins, d'information et d'accompagnement en vue d'offrir une réponse graduée et adaptée à chaque situation ;
- les maisons départementales pour personnes handicapées (MDPH), dont les équipes pluridisciplinaires informent, accompagnent et conseillent pour formuler un projet de vie, un plan personnalisé de compensation (PPC) ou de scolarisation (PPS) pour chaque personne ;
- les centres locaux d'information et de coordination gérontologique (CLIC), qui renseignent sur tous les dispositifs susceptibles de répondre aux besoins des personnes âgées ;
- les maisons départementales de l'autonomie (MDA), qui constituent des structures expérimentales fusionnant à terme les équipes médico-sociales (EMS) des conseils généraux, les MDPH et les CLIC dans les régions concernées ;
- les permanences d'accès aux soins de santé (PASS), qui permettent aux personnes en situation de précarité de bénéficier d'un accueil, d'informations - entre autres de prévention - d'une orientation et de soins.

Cette synergie très forte entre les professionnels de santé, médico-sociaux et sociaux permet aujourd'hui à la quasi-totalité des Français de bénéficier d'un accès à des soins de proximité et de qualité. Les patients ont le libre choix de leur médecin traitant, de leur établissement de santé ou de leur structure d'hébergement. De même, les médecins libéraux disposent de la liberté d'installation et prescrivent librement.
À ce titre, le système de santé français demeure l'un des plus originaux et généreux en termes de prise en charge, ce qui en fait un modèle souvent encore envié dans le reste du monde.

Ministère des Solidarités et de la Santé, 10 novembre 2017

CORRIGÉ DU SUJET INÉDIT N° 4 DE L'ÉPREUVE DE CAS PRATIQUE

I. Répondez, en quelques lignes, aux questions suivantes.

1. Quelles sont les conséquences de l'augmentation des dépassements d'honoraires des médecins spécialistes ?

Les dépenses de santé des Français connaissent une hausse continue. Ce phénomène s'explique notamment par la fin du remboursement de certains médicaments et le recours fréquent des médecins aux dépassements d'honoraires. Aussi, les frais médicaux supportés par les particuliers eux-mêmes s'amplifient, ce qui est confirmé par plusieurs rapports publics.

Même en cas de couverture supplémentaire par une mutuelle, le patient doit fréquemment s'acquitter personnellement de tout ou partie de certains frais médicaux. Puisque ni l'assurance maladie, ni la plupart des mutuelles ne sont en mesure de faire face à l'augmentation des dépassements d'honoraires des médecins spécialistes, cette charge financière repose ainsi sur les patients. Ces derniers ne pouvant pas toujours l'assumer, il en résulte une inégalité face aux besoins médicaux.

2. L'effort de maîtrise des dépenses de santé est-il équitablement réparti entre les patients et les médecins spécialistes ?

Il semble bien que les efforts de maîtrise des dépenses de santé ne soient pas équitablement partagés entre médecins, organismes sociaux et patients. De fait, avançant notamment le coût important de certaines prestations, les médecins n'entendent pas diminuer leurs honoraires. Les médecins avancent que ces dépassements correspondent à un coût réel de soins qui n'est pas suffisamment pris en compte dans les niveaux de remboursement de la Sécurité sociale. Sujet récurrent de débats, voire de polémiques, ce problème n'a pour l'heure trouvé aucune solution.

3. Quelle alternative peut être envisagée à notre système de santé actuel ?

Compte tenu de l'inégalité face à la maladie que cette situation ne manque pas de susciter, les différents gouvernements ont tenté de réfléchir à des solutions d'équité. La limitation des dépassements d'honoraires semble être l'option privilégiée par les pouvoirs publics. Il existe principalement deux idées de réforme possible du système de santé actuel. La première consiste à réglementer les dépassements d'honoraires en déterminant un plafond. Une seconde idée, issue des syndicats de médecins, serait de limiter certains dépassements d'honoraires aux plafonds de remboursement des mutuelles.

II. Application

Mise en forme du tableau

Dans le sujet proposé, il est demandé de « préparer un tableau récapitulatif de la répartition du coût d'investissement et de fonctionnement pour chaque commune. Ce tableau devra faire apparaître uniquement pour chaque commune et pour le total :

- le nombre d'habitants ;
- la distance en kilomètres entre la maison de soins et de repos et la commune ;
- le nombre de personnes âgées nécessiteuses ;
- la répartition du coût d'investissement ;
- la répartition du coût de fonctionnement en distinguant la part de chaque commune en fonction du nombre d'habitants, du nombre de personnes âgées nécessiteuses, le coût total et la proportion en pourcentage pour chaque commune de ce coût total. »

Le tableau comportera donc :

- 9 lignes (une pour le titre des colonnes, une pour le nombre d'habitants, une pour la distance en kilomètres entre la salle et la maison de soins et de repos, une pour le nombre de pratiquants, une pour la répartition du coût d'investissements, trois pour les détails de la répartition du coût de fonctionnement et une pour le pourcentage de chaque commune dans le total du coût de fonctionnement) ;
- 7 colonnes (une pour le titre des lignes, cinq pour les communes et une pour le total).

Partie mathématiques

- Le coût total de la construction est de 720 000 euros. La subvention de la région est de 25 % (un quart) et celle de l'État de 15 %. Les communes supporteront donc 60 % du total, soit 432 000 euros (732 000 × 0,6).
- Nombre d'habitants de la commune B : 28 250 × 0,3 = 8 475.
- Nombre d'habitants de la commune C : 10 131/11 = 921.
- Nombre d'habitants de la commune E : 10 131/3 = 3 377.
- Nombre d'habitants de la commune D : 28 250 - (10 131 + 8 475 + 921 + 3 377) = 5 346.
- Nombre de personnes âgées nécessiteuses de la commune A : 84 × 3 = 252.
- Nombre de personnes âgées nécessiteuses de la commune C : 650 × 0,1 = 65.
- Nombre de personnes âgées nécessiteuses de la commune E : 650 - (252 + 147 + 65 + 84) = 102.
- Distance entre la maison de repos et de soins et la commune B : 1 × 3 = 3.
- Distance entre la maison de soins et de repos et la commune D : 3 × 3 = 9.
- Distance entre la maison de soins et de repos et la commune E : 9/5 = 1,8.

• Formule pour calculer la part de chaque commune pour le coût d'investissement :
(Distance/Total des distances) × 720 000 × 60 % (la subvention de l'État étant de 15 % et celle de la région de 25 %)
Total des distances : 1 (A) + 3 (B) + 4,5 (C) + 9 (D) + 1,8 (E) = 19,3.
• Formule pour calculer la part du coût de fonctionnement de chaque commune selon le nombre d'habitants :
(Nombre d'habitants de la commune/Nombre total d'habitants) × 24 000 × 60 %
• Formule pour calculer la part du coût de fonctionnement de chaque commune selon le nombre de personnes âgées nécessiteuses :
(Nombre de pratiquants de la commune/Nombre total de personnes âgées nécessiteuses) × 24 000 × 40 %
• Formule pour calculer le pourcentage de chaque commune dans le total du coût de fonctionnement :
(Part de la commune/Coût total de fonctionnement) × 100

Données	Commune A	Commune B	Commune C	Commune D	Commune E	Ensemble des communes
Nombre d'habitants	10 131	8 475	921	5 346	3 377	28 250
Distance en kilomètres entre la salle et la maison de soins et de repos	1	3	4,5	9	1,8	19,3
Nombre de pratiquants	252	147	65	84	102	650
Répartition du coût d'investissement	22 383	67 150	100 725	201 451	40 291	432 000
Répartition du coût de fonctionnement selon le nombre d'habitants	5 164,12	4 320	469,47	2 725,04	1 721,37	14 400
Répartition du coût de fonctionnement selon le nombre de personnes âgées nécessiteuses	3 721,85	2 171,08	960	1 240,61	1 506,46	9 600
Coût total de fonctionnement	8 885,97	6 491,08	1 429,47	3 965,65	3 227,83	24 000
Pourcentage pour chaque commune du coût total de fonctionnement	37,02 %	27,05 %	5,96 %	16,52 %	13,45 %	100 %

III. Rédaction

Dans une note de deux pages environ, vous donnerez votre point de vue sur la possibilité de faire actuellement bénéficier de soins médicaux l'ensemble de la population. Vous vous appuierez sur les documents et sur vos réflexions personnelles.

Si l'on a coutume lors des vœux de nouvel an de considérer que la santé personnelle est la chose la plus précieuse, la santé publique a elle aussi un prix. Elle devient en France un enjeu majeur de communication politique et un axe central des politiques publiques.
Depuis la fin des Trente Glorieuses, les gouvernements successifs tentent de juguler le déficit chronique des comptes sociaux afin de garantir l'accès aux soins pour l'ensemble de la population. Si de nombreux efforts sont entrepris afin d'atteindre cet objectif, il n'en demeure pas moins que sa concrétisation paraît réellement utopique dans la France d'aujourd'hui.

Le droit à la santé pour tous est en France un principe à valeur constitutionnelle. Il a en effet été intégré au préambule de la Constitution de 1946. Ce texte est contemporain de la création de la Sécurité sociale. Celle-ci entendait, au nom de la solidarité nationale, assurer collectivement contre la maladie en prenant en charge les soins.
L'assurance maladie a ainsi été pensée selon un principe général d'universalité des bénéficiaires et de pathologies couvertes. Dès son origine, la volonté a été de rembourser totalement les soins pour l'ensemble des bénéficiaires. Cette politique s'inscrit dans le cadre plus général de la mise en place de l'État providence en France. Les travailleurs, en contrepartie de leur effort pour la croissance économique et la reconstruction du pays, sont protégés avec leur famille des différents accidents de la santé qui pourraient les affecter.
À partir des années 1970, la crise économique a fait son apparition, à la suite notamment des deux chocs pétroliers. La période des Trente Glorieuses a vu son terme arriver. Le chômage de masse, structurel et prolongé, a fait son apparition. Pour autant, les gouvernements français successifs ont cherché à maintenir l'universalité des soins. De manière plus récente, la couverture maladie universelle (CMU) témoigne de la permanence de cette volonté des différents exécutifs.
Les années 1990 et suivantes ont, quant à elles, vu s'ajouter le phénomène de l'immigration de peuplement, incontrôlée et massive. Ici, encore, même pour des clandestins en situation irrégulière sur le territoire national, l'accès au soin a été pris en charge par la collectivité nationale. La très coûteuse aide médicale d'État en est l'illustration.

Pour autant, pour généreux qu'il soit dans ses principes, ce tableau souffre à l'évidence de dysfonctionnements préoccupants. Sur le plan comptable, l'assurance maladie est en déficit constant depuis une quarantaine d'années. Les cotisants sont moins nombreux, en raison du chômage de masse et du ralentissement de l'activité économique. Les dépenses, quant à elles, sont en progression continue. La médecine de pointe a un coût non négligeable, à la fois dans ses équipements, ses médicaments, ses infrastructures et ses personnels. De même, l'allongement de l'espérance de vie et l'augmentation du nombre de personnes âgées ont également pour conséquence la hausse des dépenses de santé.

De manière inéluctable, des médicaments ou des soins ne sont plus remboursés, des établissements hospitaliers ou des maternités sont amenés à fermer, l'hôpital public est délaissé par les patients pouvant supporter le coût de soins privés, le recours à des mutuelles devient quasiment obligatoire sur le plan du budget d'une famille, les lunettes et les soins dentaires ne sont quasiment plus remboursés... Cette liste est pourtant loin d'être exhaustive. Elle témoigne de la réalité d'une « médecine à deux vitesses » dans la France d'aujourd'hui.

Si l'on se penche plus finement sur la question, il s'agit moins de la médecine des riches face à celle des pauvres que de celles des grandes métropoles face aux déserts médicaux. Dans les grandes métropoles, les indigents ont toujours le recours des hôpitaux publics, gratuits et souvent d'excellente qualité. Les personnes aisées ont le choix de praticiens variés et de cliniques privées. En revanche, dans les déserts médicaux ou les petites villes, l'offre médicale est de plus en plus raréfiée. Il existe de moins en moins de médecins de campagne et de spécialistes disponibles. Les rares hôpitaux ne fonctionnent plus que grâce à des médecins étrangers moins bien formés. Ce phénomène accentue l'exclusion de ces territoires, qui constituent la vraie France des oubliés.

Enfin, face à la maladie, la question du remboursement des soins est loin d'être la seule. Il existe également, notamment pour les personnes âgées ou handicapées, la nécessité d'un accompagnement paramédical ou social. Or, cet accompagnement n'est pas pris en charge par la Sécurité sociale.

L'objectif louable des ordonnances ayant créé la Sécurité sociale au lendemain de la Seconde Guerre mondiale a été battu en brèche par le réel. La permanence de la crise économique, la hausse continue des dépenses de santé et les bouleversements induits par l'immigration de peuplement ont eu raison des soins pour tous.

À l'instar de l'éducation ou de la sécurité, bien souvent, la santé a un coût qui finit par la réserver aux mieux lotis sur le plan financier.

SUJET INÉDIT N° 5 DE L' ÉPREUVE DE CAS PRATIQUE

Durée : 3 heures
Coefficient : 2
Niveau de difficulté : ✪
Résolution de cas pratiques permettant de vérifier l'aptitude du candidat à présenter les éléments d'un dossier et pouvant comporter la réponse à des questions sur ce dossier, la rédaction d'un document, la mise au point d'un tableau de chiffres.
Toute note inférieure à 5/20 est éliminatoire.

REMARQUES IMPORTANTES :

- Sous peine d'annulation de leur copie, les candidats ne doivent porter aucun signe distinctif (nom, prénom, lieu, etc.) sur la partie réservée à la rédaction.
- L'usage d'une calculatrice est autorisé (les téléphones portables sont interdits).
- L'utilisation de tout autre document est interdite.

Documents du dossier

Document n° 1 : « Il est urgent de réduire de moitié le gaspillage alimentaire dans l'UE », Parlement européen, 19 janvier 2012.

Document n° 2 : « Gaspillage alimentaire : un tiers de la nourriture est gaspillée ou perdue tous les ans dans le monde », Organisation des Nations unies pour l'alimentation et l'agriculture, 6 février 2013.

Document n° 3 : « Pourquoi le monde gaspille autant de nourriture », *Le Monde*, 11 décembre 2009.

Document n° 4 : « Le gouvernement veut diminuer le gaspillage alimentaire », *Le Monde*, 21 octobre 2012.

Document n° 5 : « Comment lutter contre le gaspillage alimentaire ? », Jennifer Maherou - Association santé environnement France, 22 octobre 2012.

Document n° 6 : « Lutte contre le gaspillage : comment mettre les bouchées doubles ? », interview de Mme Annie Soyeux du centre d'études et de prospective du ministère de l'Agriculture, juillet 2011.

Document n° 7 : Assemblée nationale, question écrite n° 10 306 de la députée Mme Doucet et réponse du ministère de l'Agriculture, de l'Agroalimentaire et de la Forêt publiée au *Journal officiel*, 1er janvier 2013.

Document n° 8 : « Pertes et gaspillages dans le monde », étude menée pour le Congrès international *Save Food*, Organisation des Nations unies pour l'alimentation et l'agriculture, Rome, 2012.

Travail à effectuer

À partir des documents composant le dossier :

I. Répondez en quelques lignes aux questions suivantes.

1. Définissez, en 3 lignes maximum, chacun des mots suivants : « gabegie » (document n° 7) et « incantatoire » (document n° 4).

Pour chacune des questions 2, 3 et 4, vous répondrez en 5 lignes maximum.

2. Quelles sont les différentes dates de péremption actuellement utilisées ? Expliquez en quoi elles contribuent au gaspillage alimentaire.
3. Quelles sont les répercussions du gaspillage alimentaire sur l'environnement ?
4. L'augmentation de la production est-elle une réponse satisfaisante pour lutter contre la faim dans le monde ?

II. Application

1. Le gaspillage alimentaire en chiffres dans l'Union européenne (UE).
Le gaspillage alimentaire total dans l'UE était, en 2013, de 89 millions de tonnes par an (soit 179 kg par habitant). Soient les informations suivantes valables en 2013.
Quelles sont les valeurs, en millions de tonnes, du gaspillage des ménages dans les cas : a, b et c ?
Détaillez vos calculs (les résultats seront arrondis à deux décimales).
a) Le gaspillage des ménages représente 42 % du total du gaspillage alimentaire.
b) Si aucune mesure n'est prise, on considère que le gaspillage des ménages aura augmenté de 40 % en 2020.
c) Si des mesures sont prises, cette augmentation du gaspillage des ménages pourra être évitée à 60 %.

2. a) À partir du document n° 8, construisez deux tableaux. Le premier reprend les données relatives à l'Amérique du Nord et l'Océanie et le second, à l'Afrique subsaharienne. Les données utiles concernent les produits suivants : « racines et tubercules », « fruits et légumes », « poissons et fruits de mer ». Ces deux tableaux doivent représenter les pourcentages pondérés (tels qu'indiqués dans le document n° 8) des pertes et gaspillages alimentaires relatifs à la production agricole, d'une part, et à la consommation, d'autre part.

Pour chacun de ces deux tableaux, vous porterez en colonnes les trois produits concernés et en lignes, les pourcentages pondérés de pertes et gaspillages. Pour chaque produit, deux colonnes accolées représentent, l'une le pourcentage pondéré de pertes et gaspillages au niveau de la production agricole, l'autre le pourcentage pondéré de pertes et gaspillages au niveau de la consommation.
b) En 5 lignes maximum, vous préciserez les enseignements que vous tirez de la comparaison de ces deux tableaux.

III. Rédaction

À l'aide des documents et de vos réflexions personnelles, en deux pages, vous indiquerez les enjeux du gaspillage alimentaire dans les pays développés et vous exposerez les solutions envisagées pour le limiter.

Dossier

Document n° 1

Il est urgent de réduire de moitié le gaspillage alimentaire dans l'UE

Près de 50 % d'aliments sains sont gaspillés chaque année dans l'Union européenne (UE), par les ménages, les supermarchés, les restaurants et la chaîne alimentaire, alors que 79 millions de citoyens vivent au-dessous du seuil de pauvreté et que 16 millions dépendent de l'aide alimentaire d'œuvres de charité. Dans une résolution adoptée jeudi, le Parlement demande des mesures urgentes en vue de réduire de moitié les gaspillages alimentaires d'ici 2025 et d'améliorer l'accès aux aliments pour les personnes démunies.

Face au gaspillage alimentaire à tous les stades - producteurs, transformateurs, détaillants, services de restauration et consommateurs - les députés demandent de mettre en place une stratégie coordonnée, associant des mesures européennes et nationales, afin d'améliorer l'efficacité de la chaîne alimentaire et des circuits de consommation, secteur par secteur, et de s'attaquer d'urgence à ce problème. Si rien n'est fait, le gaspillage alimentaire augmentera de 40 % d'ici 2020, indique une étude publiée par la Commission.

« La question la plus importante à l'avenir sera de répondre à la demande croissante de produits alimentaires, étant donné qu'elle sera supérieure à l'offre. Nous ne pouvons nous permettre plus longtemps de rester dans l'inaction, alors que des aliments sains et comestibles sont jetés à la poubelle. Il s'agit d'un problème éthique, mais également économique et social, avec d'énormes implications sur l'environnement », a déclaré le rapporteur Salvatore Caronna avant le vote. « La balle est maintenant dans le camp de la Commission. Nous attendons une stratégie européenne convaincante qui proposera une ligne de conduite permettant aux 27 États membres de s'attaquer au problème de manière systématique » a-t-il ajouté.

Pour parvenir à une réduction drastique des gaspillages alimentaires d'ici 2025, de nouvelles campagnes de sensibilisation doivent être encouragées aux niveaux européen et national, indique la résolution. Les députés proposent que des cours d'éducation alimentaire soient créés, en particulier dans les écoles, afin de donner des conseils pratiques sur la conservation des denrées alimentaires, leur préparation et leur élimination. Ils proposent également d'échanger les meilleures pratiques. Pour encourager la durabilité dans le secteur alimentaire, les députés demandent de déclarer l'année 2014 « année européenne contre le gaspillage alimentaire ».

CAS PRATIQUE

Pour éviter que les denrées alimentaires ne soient proposées à la vente dans un délai trop proche de la date de péremption, ce qui augmente le risque de gaspillage, une double date de péremption pourrait être introduite pour indiquer la date limite de vente (date de commercialisation) et la date limite de consommation (date de consommation), précise la résolution.

Tout en ajoutant que la Commission et les États membres doivent néanmoins s'assurer au préalable que les clients comprennent la différence entre les étiquettes utilisées actuellement dans l'UE telles que « à consommer de préférence avant le... » (lié à la qualité) et « à consommer jusqu'au... » (lié à la sécurité).

Pour permettre aux consommateurs d'acheter la quantité qu'ils souhaitent, les producteurs doivent proposer plusieurs dimensions d'emballages alimentaires et prévoir une meilleure conservation. Les produits proches de la date de péremption ou endommagés doivent être vendus au rabais, de manière à les rendre plus accessibles aux personnes démunies, affirment les députés.

Les règles de passation des marchés publics pour les services de restauration et d'hôtellerie doivent être revues pour assurer dans la mesure du possible, que les contrats soient passés avec des services de restauration qui utilisent les produits locaux et qui redistribuent gratuitement les invendus aux personnes démunies ou aux banques alimentaires.

Les députés demandent un meilleur ciblage des programmes de soutien européens, notamment en faveur de la distribution de denrées alimentaires aux personnes les plus défavorisées ou de la consommation de fruits et de lait à l'école, afin d'éviter le gaspillage alimentaire.

Les députés se sont également félicités des initiatives de certains États membres pour récupérer les aliments invendus et distribuer ceux-ci aux personnes démunies et ont demandé aux distributeurs de participer à ces programmes.

Extraits - Session plénière Agriculture - 19-01-2012
Site Internet du Parlement européen : www.europarl.europa.eu - 19 janvier 2012

Document n° 2

Gaspillage alimentaire : un tiers de la nourriture est gaspillée ou perdue tous les ans dans le monde

Les consommateurs et les détaillants de denrées alimentaires peuvent, par de simples gestes, réduire considérablement les 1,3 milliard de tonnes de nourriture perdues ou gaspillées chaque année et contribuer ainsi à bâtir un avenir durable, selon une nouvelle campagne mondiale pour la réduction du gaspillage alimentaire lancée par le programme des Nations Unies pour l'environnement (PNUE), la FAO (Fonds des Nations Unies pour l'alimentation) et leurs partenaires.

La campagne *Think.Eat.Save* (Réduisez votre empreinte) vient appuyer l'initiative *Save Food* qui vise à réduire les pertes et le gaspillage alimentaires le long de la chaîne de production et de consommation alimentaires. Elle s'inscrit aussi dans la logique des initiatives Faim Zéro du Secrétaire général des Nations Unies.

Think.Eat.Save. vise à accélérer la lutte contre le gaspillage tout en offrant un portail pour une vision globale et le partage d'informations sur les nombreuses initiatives actuellement en cours à travers le monde.

Au niveau mondial, un tiers de la nourriture produite - soit en valeur environ 1 milliard de dollars - est perdue ou gaspillée dans les systèmes de production et de consommation alimentaires, selon les données recueillies par la FAO. Les pertes se produisent surtout dans les phases de production - récolte, transformation et distribution - alors que les gaspillages se produisent généralement au niveau du détaillant et du consommateur à l'autre bout de la chaîne d'approvisionnement alimentaire.

Selon la FAO, environ 95 % des pertes et du gaspillage d'aliments dans les pays en développement sont des pertes involontaires qui surviennent aux premiers stades de la chaîne d'approvisionnement alimentaire. Ces pertes sont dues à des contraintes financières et de gestion et à des limitations dans les techniques de récolte, ainsi qu'à des défaillances au niveau du stockage et des installations de refroidissement là où les conditions climatiques sont difficiles. Elles sont dues également à des problèmes d'infrastructures, d'emballage et de commercialisation.
Cependant, dans le monde développé, la situation n'est pas idyllique. Lors de la fabrication des produits alimentaires et de la vente au détail, de grandes quantités de nourriture sont gaspillées

en raison de pratiques inefficaces, de normes de qualité qui mettent exagérément l'accent sur l'aspect, d'erreurs sur les étiquettes de péremption et des comportements de consommateurs prompts à jeter la nourriture comestible suite à des achats non justifiés. À signaler aussi, parmi les causes de gaspillage, le stockage inapproprié et les repas disproportionnés.

Le volume des aliments gaspillés par habitant est compris entre 95 et 115 kg par an en Europe et en Amérique du Nord/Océanie, alors qu'en Afrique subsaharienne et en Asie du Sud et du Sud-Est, ce chiffre se situe entre 6 et 11 kg.

Selon l'organisation WRAP (*Waste and Resources Action Programme*), au Royaume-Uni une famille moyenne pourrait économiser 680 livres sterling par an (780 euros) et le secteur hôtelier et de la restauration, 724 millions de livres sterling (837 millions d'euros) si le problème du gaspillage était réglé. Comme dans d'autres parties du monde, l'Union européenne se penche sur la question du gaspillage alimentaire, et la Commission européenne pèse de tout son poids en faveur de cette nouvelle campagne. « Dans l'UE, nous nous sommes fixé comme objectif d'ici à 2020 la réduction de moitié du gaspillage alimentaire et l'élimination de l'enfouissement » indique M. Janez Potoènik, Commissaire européen chargé de l'environnement.

« Moins de déchets alimentaires conduirait à une utilisation des terres plus efficace, une meilleure gestion des ressources en eau, une utilisation plus durable du phosphore, et cela aurait des répercussions positives sur le changement climatique. Notre travail s'inscrit parfaitement dans le cadre de cette initiative », affirme M. Potoènik.

« Dans un monde de sept milliards d'individus qui devraient passer à neuf milliards en 2050, le gaspillage de la nourriture n'a aucun sens économique, environnemental ou éthique », affirme M. Achim Steiner, sous-secrétaire général et directeur exécutif du PNUE.

« Outre les répercussions sur les coûts, il faut savoir que la terre, l'eau, les engrais et le travail requis pour faire pousser les aliments sont également gaspillés, sans compter les émissions de gaz à effet de serre produites à la fois par la décomposition des aliments dans les sites d'enfouissement et par le transport de la nourriture, qui est finalement jetée », fait valoir M. Steiner. « Pour faire émerger une vision d'un monde véritablement durable, nous devons transformer la façon dont nous produisons et consommons nos ressources naturelles. »

De son côté, M. José Graziano da Silva, directeur général de la FAO, souligne :
« Ensemble, nous pouvons inverser cette tendance inacceptable et améliorer des vies. Dans les régions industrialisées, près de la moitié des aliments gaspillés, soit environ 300 millions

de tonnes par an, sont le fait des producteurs, des détaillants et des consommateurs qui jettent la nourriture alors qu'elle est encore propre à la consommation. Ceci dépasse la production alimentaire nette totale de l'Afrique subsaharienne, et suffirait à nourrir les quelque 870 millions d'affamés que compte la planète. »

Et M. Graziano da Silva d'ajouter : « Si nous pouvons aider les producteurs à réduire les pertes grâce à de meilleures méthodes de récolte, de transformation, de stockage, de transport et de commercialisation, et allier cela à des changements profonds et durables des habitudes alimentaires, alors nous verrons un monde plus sain et libéré de la faim. »
« Aucun autre domaine n'est aussi emblématique quant aux opportunités qui permettraient l'avènement d'un monde beaucoup plus économe en ressources et plus durable. Et aucune autre question ne saurait mieux que celle-ci fédérer le Nord et le Sud, les consommateurs et les producteurs, partout dans le monde, autour d'une cause commune », affirme M. Steiner.

Le système alimentaire mondial a de profondes répercussions sur l'environnement et le fait de produire plus de nourriture que ce qui est consommé ne fait qu'exacerber les pressions.

Pour que la campagne atteigne son gigantesque potentiel, tout le monde doit s'impliquer : les familles, les supermarchés, les chaînes hôtelières, les écoles, les clubs sportifs et sociaux, les chefs d'entreprises, les maires, les dirigeants nationaux et mondiaux...

Organisation des Nations unies pour l'alimentation et l'agriculture,
6 février 2013

Document n° 3

Pourquoi le monde gaspille autant de nourriture

Et si, au lieu de chercher à augmenter la production agricole pour nourrir le monde, les hommes commençaient par cesser de gaspiller la nourriture ? Une étude, parue dans la revue scientifique *PLOS One* de novembre, démontre que, chaque année, 40 % de l'alimentation disponible aux États-Unis est jetée. Ce gâchis entraîne la dilapidation d'un quart de l'eau douce consommée annuellement dans le pays (utilisée pour produire ces aliments) et de l'équivalent en énergie de 300 millions de barils de pétrole par an. Ces données confirment des estimations antérieures du gaspillage alimentaire dans les pays développés, évalué de 30 % à 40 % des denrées.

Le phénomène touche également les pays en développement. Les chiffres sont discutés, mais les pertes atteindraient entre 10 % et 60 % des récoltes, en fonction des produits agricoles. « La pensée dominante veut que, pour répondre au doublement de la demande alimentaire dans les décennies à venir, il faut augmenter la production, affirme Jan Lundqvist, directeur du comité scientifique du Stockholm International Water Institute (SIWI). Il serait plus rationnel de chercher d'abord à réduire le gaspillage. Celui-ci conduit à une dilapidation de ressources qui se font de plus en plus rares, notamment l'eau. »

Pour aboutir à leur estimation du gaspillage outre-Atlantique, des physiologistes de l'Institut national de la santé américain ont calculé la différence entre les quantités de nourriture disponibles dans le pays et la consommation des habitants, estimée à partir de l'évolution de leur poids moyen.

Résultat : en 1970, chaque Américain absorbait en moyenne 2 100 calories par jour, tandis que la nourriture disponible par personne équivalait à 3 000 calories. Aujourd'hui, ces chiffres atteignent respectivement 2 300 et 3 800 calories. Dans l'intervalle, le poids moyen a augmenté de 10 kg. « La différence entre les deux chiffres correspond aux quantités jetées, explique Kevin Hall, responsable de l'étude. Elles s'élevaient à un peu moins de 30 % de l'alimentation disponible en 1970, contre 40 % aujourd'hui. »

Dans les pays riches, l'essentiel des pertes a lieu « en bout de chaîne ». La distribution rejette une partie des produits en fonction de critères esthétiques, et applique des marges de sécurité importantes sur les dates limites de consommation. Mais des pertes considérables ont également lieu dans la restauration collective et... dans les cuisines des particuliers.

Une étude détaillée du contenu des poubelles en Grande-Bretagne, parue en novembre 2009, estime que 25 % des aliments achetés par les ménages sont jetés. On trouve dans les détritus, par ordre d'importance, des légumes frais et des salades, des boissons, des fruits, des produits de boulangerie, de la viande et du poisson... Selon l'organisme public qui a mené l'enquête, l'essentiel de ce gaspillage est évitable : soit les aliments n'ont pas été consommés à temps, soit ils ont été préparés en trop grande quantité. Ils représentent l'équivalent de 13 milliards d'euros par an (soit 530 euros par ménage et par an), et 2,4 % des émissions de gaz à effet de serre du pays.

Dans les pays en développement, on ne parle pas de gaspillage, mais de pertes, et les raisons en sont très différentes. « Elles sont dues à de mauvaises conditions de récolte, de transport, de stockage, et à une formation insuffisante sur les méthodes de conservation des aliments », explique Stepanka Gallatova à l'Organisation des Nations unies pour l'alimentation et l'agriculture (FAO). Assez limitées pour les céréales, elles peuvent atteindre des volumes considérables pour les denrées périssables. Elles s'amplifient avec l'urbanisation : plus les lieux de consommation s'éloignent des lieux de production, plus la chaîne d'approvisionnement se complexifie et les risques de pertes augmentent.

Si le sujet est de plus en plus mis en avant par les chercheurs et des institutions spécialisées, il n'est pas à l'agenda des politiques prioritaires d'une grande majorité d'États. Dans les pays pauvres, la réduction des pertes serait cependant moins coûteuse que l'augmentation de la productivité agricole, selon Mme Gallatova. Elle estime toutefois que « depuis la crise alimentaire (de 2008), le thème commence à susciter de l'intérêt parmi les pays en développement ».

Gaëlle DUPONT - *Le Monde*
Site Internet : www.lemonde.fr - 11 décembre 2009

Document n° 4

Le gouvernement veut diminuer le gaspillage alimentaire

Chaque Français jette entre 20 et 30 kilos de nourriture par an, un gaspillage que le gouvernement veut diviser par deux d'ici 2025, en favorisant la vente de produits à l'unité ou la récupération des invendus par les associations d'aide aux plus démunis. « Chaque Français jette de 20 à 30 kilos de nourriture chaque année dont 7 kilos d'aliments encore sous emballage », a expliqué le ministre délégué à l'agroalimentaire, Guillaume Garat.

Un thème qui parle à une majorité de Français puisque 54 % d'entre eux considèrent que la lutte contre le gaspillage est un acte important à faire au quotidien et 57 % en parlent déjà avec leur entourage, selon un sondage TNS Sofres. « C'est un enjeu de pouvoir d'achat puisque la perte due au gaspillage est estimée à 500 euros par an par foyer », selon le ministre. Il s'agit de plus « de s'engager concrètement contre les dérives de la société de surconsommation ».

Le plan comprend cinq actions destinées à « enclencher une dynamique » auprès de la grande distribution, des industriels, des associations et des consommateurs car, sur l'ensemble de la chaîne alimentaire, ce sont 150 kilos qui sont gaspillés par an et par personne en France, rappelle M. Garot. Un chiffre toutefois un peu meilleur que la moyenne européenne : 190 kilos, selon lui.

La vente des produits à l'unité sur les produits d'entrée de gamme fera son arrivée sur les étals de Monoprix, a annoncé le ministre. D'autres enseignes ont déjà lancé ce type d'initiatives, à l'instar d'Auchan qui a mis en place l'achat en vrac des denrées ou la vente de portions de viande individuelles. « On va aussi travailler sur la vente promotionnelle différée » : le client achète trois lots pour le prix de deux mais récupérera son troisième lot plus tard pour qu'il ne périme pas dans son réfrigérateur, a détaillé le ministre. Monoprix, Système U ou Casino sont engagés dans ce plan pour y participer d'une façon ou d'une autre, a assuré M. Garot.

Les industriels « sont favorables à ce travail » mais il « faut bien identifier ce qui est le vrai gaspillage et qui est responsable », a réagi auprès de l'AFP Jean-René Buisson, de l'ANIA (association des industries de l'alimentaire) citant par exemple le cas où une enseigne refuse un camion de marchandises fraîches pour cinq minutes de retard. Avec les marchés d'intérêt national (MIN), le gouvernement veut également encourager la récupération des invendus pour l'aide alimentaire.

« 2025 me semble un peu lointain », a commenté le directeur de l'action sociale à la Croix-Rouge française, Didier Piard, interrogé par l'AFP. « Il y a toujours une crainte pour nous, associations, que ce soit une déclaration un peu incantatoire ». De plus, ce plan doit « s'accompagner de moyens pour que les grandes associations puissent conserver les denrées collectées », a-t-il souligné. Aujourd'hui, « nous ramassons à la Croix-Rouge auprès de la grande distribution à peu près un tiers de nos approvisionnements pour l'aide alimentaire aux plus démunis », a-t-il précisé. « Je souhaiterais arriver à 50 %, voire 60 % ».

Le Monde - 21 octobre 2012

Document n° 5 :

Comment lutter contre le gaspillage alimentaire ?

Selon le Fonds des Nations unies pour l'alimentation (FAO), dans le monde, environ 1,3 milliard de tonnes de nourriture sont gaspillées chaque année, soit un tiers des aliments produits ! Un rapport plus pessimiste de l'Institution of Mechanical Engineers (IME) estime même que la moitié de la nourriture produite dans le monde est jetée au lieu d'être consommée. Le gaspillage alimentaire concerne chaque maillon de la chaîne alimentaire : le cycle de production du produit, la grande distribution, la restauration, les ménages...

Fruits, yaourts, viandes, fromages, œufs, pains, légumes, pâtisseries... beaucoup d'entre nous réagissent de la même façon une fois la date de péremption de ces produits passée : on jette. En moyenne, chaque Français jette 20 kg de déchets alimentaires chaque année, dont 7 kg de produits non consommés encore emballés ! Cela correspond de 400 à 500 euros par foyer. Ce gaspillage, le gouvernement français veut le diviser par deux d'ici 2025.

Mais les Français ne sont pas les seuls à gaspiller : nos voisins belges jettent l'équivalent de 174 euros de nourriture à la poubelle chaque année, et les Britanniques seraient les champions puisqu'ils jettent entre 30 % à 40 % de toutes les denrées achetées ou cultivées chaque année.

En 2011, un rapport de la FAO chiffrait à près de 300 kg par personne la quantité de nourriture perdue ou gaspillée en Europe et en Amérique du Nord, soit deux fois plus que dans des régions en voie de développement comme l'Afrique sub-saharienne et l'Asie du sud-est.

Face à ce constat alarmant, le Parlement européen a adopté, le 19 janvier 2012, une résolution demandant des mesures urgentes pour réduire de moitié le gaspillage alimentaire d'ici à 2025. Parmi les mesures proposées : déclarer 2014 « année européenne de lutte contre le gaspillage alimentaire », réaliser des campagnes de sensibilisation auprès des écoliers, améliorer les étiquetages et emballages et en particulier l'information sur les températures de réfrigération, promouvoir les produits locaux et la redistribution des invendus aux personnes démunies.

Face au manque de données dans la répartition du gaspillage entre les différents acteurs de notre alimentation, le ministère de l'Alimentation a réalisé une étude sur le gaspillage alimentaire en restauration collective, commerciale et dans la distribution. Les résultats, parus en janvier 2012, sont étonnants : les restaurants traditionnels et gastronomiques sont les plus gros gaspilleurs, avec 230 grammes de denrées gaspillées par personne et par repas, beaucoup plus que les cantines.

En cause : la difficulté à estimer les commandes en amont et à gérer les stocks, les minima de commandes imposés par certains fournisseurs, les règles strictes de sécurité sanitaire et la manière de cuisiner (déchets). Arrive ensuite la restauration collective avec 167 grammes de pertes par repas et par personne. Cela inclut notamment les établissements de santé et médico-sociaux qui sont confrontés à des difficultés particulières : grande variété des profils nutritionnels à satisfaire, peu de temps pour se restaurer et difficultés des patients pour se nourrir.

Côté restauration scolaire, les meilleurs élèves sont les écoles primaires. Au collège et au lycée, on surévalue souvent les quantités à préparer, et on peine à satisfaire des convives aux préférences variées et qui manquent souvent de temps pour déjeuner. Enfin, contrairement à ce que l'on pourrait penser, les restaurants d'entreprise gaspillent peu (125 grammes par personne et par repas).

Pour réduire le gaspillage alimentaire, il est nécessaire de commencer par bien connaître les causes précises.

Notre société ayant évolué, notre rythme de vie et notre alimentation ont changé depuis quelques décennies. Plus pressé et moins attentif, le consommateur interprète souvent mal les dates de consommation et ne se préoccupe pas de l'organisation de son réfrigérateur. Mais le consommateur n'est pas le seul fautif. Les campagnes promotionnelles des grandes surfaces sont souvent attractives mais le consommateur n'évalue pas bien si elles sont adaptées à sa consommation personnelle.

Enfin, comme l'a montré l'étude du ministère de l'Alimentation, la restauration collective a sa part de responsabilité car elle ne prend pas assez en compte les besoins de ses utilisateurs. Trop pleines, les assiettes des cantines finissent régulièrement au fond de la poubelle ! La qualité des plats peut aussi être remise en question... Si les sociétés de restauration collective fournissaient des plats de meilleure qualité, peut-être ne finiraient-ils pas au fond de nos poubelles ?

En plus d'avoir un impact sur le budget des ménages, le gaspillage engendre aussi des problématiques sanitaires, sociales et environnementales. Pour les élus européens, la lutte contre le gaspillage alimentaire est un impératif économique et environnemental car les montagnes de nourriture non consommée contribuent fortement au réchauffement climatique.

Pour éviter le gaspillage alimentaire et réduire les déchets, voici quelques gestes simples à adopter : acheter des quantités adaptées ; examiner les dates de péremption ; respecter la chaîne du froid, ranger logiquement les aliments au réfrigérateur et le nettoyer régulièrement ; cuisiner les restes ; pratiquer le compost ; préférer les fruits et les légumes de saison...

Mais la lutte contre le gaspillage passe aussi par une sensibilisation accrue des différents acteurs de la chaîne alimentaire : incitation à donner aux associations caritatives, adapter les portions aux besoins des consommateurs, informer les gens sur les bonnes pratiques...

En octobre 2012, Guillaume Garot, le ministre délégué à l'agroalimentaire a présenté les 4 principales mesures prises par le gouvernement pour lutter contre le gaspillage alimentaire. L'objectif est de diviser par deux le gaspillage alimentaire d'ici 2025. Le plan comprend des actions destinées à « enclencher une dynamique » auprès de l'ensemble de la chaîne alimentaire (de la grande distribution, des industriels, des associations et des consommateurs) :

- Gérer la quantité. La vente des produits à l'unité sur les produits d'entrée de gamme fera son arrivée sur les étals de Monoprix. D'autres enseignes ont déjà lancé ce type d'initiatives, à l'instar d'Auchan qui a mis en place l'achat en vrac des denrées ou la vente de portions de viande individuelles.

- Mise en place de la vente promotionnelle différée. Lorsqu'un client achètera trois lots pour le prix de deux, il récupérera son troisième lot plus tard pour qu'il ne périme pas dans son réfrigérateur.

- Récupérer les invendus et en faire bénéficier les associations d'aide alimentaire. Sept grands marchés d'intérêt national (MIN), dont celui de Rungis, ont signé des contrats pour faciliter la récupération des invendus par les associations. L'opération sera généralisée aux 22 MIN en 2013.

- Sensibiliser : un site internet est lancé pour véhiculer les bonnes pratiques auprès des Français. Il sera complété en décembre par une plate-forme intitulée « Le magasin », qui mettra en contact ceux qui donnent et ceux qui reçoivent. En janvier, une grande campagne de sensibilisation misant sur l'humour démarrera. Ces actions seront mises en place avant la signature d'un pacte national anti-gaspillage en juin.

Les résultats de ces actions seront examinés au printemps et en juin, le ministère proposera « un pacte national contre le gaspillage ».
Enfin, il est important de souligner qu'un tiers des aliments produits sont gaspillés alors qu'en Europe, 79 millions de citoyens vivent au-dessous du seuil de pauvreté et que 16 millions dépendent de l'aide alimentaire d'œuvres de charité.

Jennifer Maherou - Association santé environnement France
22 octobre 2012 - Extraits.

Document n° 6

Lutte contre le gaspillage : comment mettre les bouchées doubles ?

Peut-on déjà avoir une définition de ce qu'est le gaspillage ?

Annie Soyeux. Le terme de gaspillage recouvre, dans la définition de la FAO 2011, tout aliment parfaitement comestible qui est jeté ou détourné de l'alimentation humaine. Une définition consensuelle ou normative des pertes et des gaspillages est un sujet important et non résolu pour l'instant. Selon les définitions, les données peuvent être très différentes selon les pays.

D'un point de vue global, en quoi cette question de la limitation du gaspillage est-elle importante ? Pouvez-vous nous donner quelques chiffres-repères ?

Une publication récente de la FAO, datant de mai 2011, chiffre à 1/3 la production agricole mondiale qui serait gaspillée ou perdue parce que mangée par des insectes ou autres nuisibles, ou pourrie par défaut de ventilation dans des entrepôts, défaut de réfrigération, etc. C'est énorme.

On estime que les pays occidentaux perdent ou gaspillent de 179 kg en Europe à 300 kg aux États-Unis d'aliments par habitant et par an, dont les consommateurs seraient responsables d'un tiers.

Dans les pays du Sud, les pertes et gaspillages sont estimés de 120 kg à 170 kg par personne et par an, dont seulement 6 à 11 kg du fait des consommateurs. Cela montre que dans les pays où l'aliment est une question de survie, représentant plus de 50 %, voire 80 % de la dépense journalière, les gens font beaucoup plus attention à la façon dont ils consomment. Alors que dans nos pays, on préfère jeter plus, surtout au niveau de la distribution et de la consommation, pour des raisons de prévention sanitaire et de responsabilité. Par contre, les phases agricole et industrielle (transport, transformation, distribution) perdent une partie des produits alimentaires en quantité équivalente : au Sud, parce que les pays n'ont pas la logistique, ni même les emballages nécessaires et au Nord, en raison des tris à chaque étape de la chaîne logistique.

Dans les pays occidentaux, si les consommateurs sont responsables de 1/3 du gaspillage, cela veut dire que la restauration collective et la distribution sont responsables des deux autres tiers ?

Non, c'est plus large que cela. Cela commence dès l'après-récolte, quand le produit sort du champ ou de l'abattoir, jusqu'au consommateur. Les industries agroalimentaires connaissent d'importantes pertes de freinte - du produit qui reste dans les tuyaux, les bassines - qu'elles ne se donnent pas forcément la peine de récupérer parce qu'elles doivent produire très vite, et parce que la part de la matière première agricole dans le prix de revient du produit fini se réduit de plus en plus.

S'y ajoutent tous les produits qui se perdent à différents niveaux, par exemple des petits pains mal formés, etc. De nombreux tris sont ainsi réalisés, y compris dans les cuisines de la restauration collective et dans les rayons en distribution.

Les pays occidentaux ont-ils vraiment pris la mesure de cette question ?

Un certain nombre de pays ont commencé à se poser des questions par rapport au gaspillage, ils ont une dizaine d'années d'avance sur nous. Ce sont les États-Unis, paradoxalement, qui, au vu de la progression de l'obésité, se sont posé la question de savoir combien les gens mangeaient réellement, donc combien ils jetaient, afin d'estimer leur consommation au cours du temps. Au Royaume-Uni, c'est plutôt la réflexion sur les gaz à effet de serre qui a enclenché le processus mais aussi les *freegans*, une confrérie qui, pour démontrer les dérives de la société de consommation, a décidé de ne se nourrir que de ce qu'ils trouvent dans les poubelles (à ne pas confondre avec les milliers de glaneurs par nécessité qui fréquentent la fin des marchés et les containers). Puis la Belgique, les Pays-Bas et la Suède ont mené des enquêtes. En France, on note d'abord une initiative des industriels de l'alimentation humaine et animale en 2003-2004, qui a chiffré les rebuts : coproduits, sous-produits, écarts de tri et déchets de leur activité, et la part qui était absorbée par l'agriculture et l'élevage, avec l'aide de l'ADEME (agence de l'environnement et de la maîtrise de l'énergie). Puis, en 2007, l'enquête menée par l'ADEME sur le contenu de nos poubelles et publiée en 2009 a permis de cerner un peu mieux les pertes et gaspillages ramenés à des chiffres par personne et par an. Ainsi 7 kg (avec l'emballage) de produits encore emballés sont jetés. Et c'est au total 20 kg de produits alimentaires, parfaitement consommables, qui finissent à la poubelle.

Quelles sont les différentes solutions envisagées pour limiter le gaspillage ? Du côté des industries agroalimentaires pour commencer ?

Beaucoup de personnes s'intéressent à cette question et tentent de trouver des solutions. Par exemple, développer des emballages mieux adaptés à ce que peuvent consommer les gens qui vivent seuls ou les petits ménages. Des emballages portions donc, mais aussi des emballages qui se referment correctement lorsqu'on a pris une tranche.

L'expertise scientifique collective qui a été réalisée sur la consommation des ménages par l'institut national de la recherche agronomique (INRA) en 2010, a montré à ce sujet que les consommateurs prennent quasiment toujours l'emballage de taille intermédiaire, ni le plus grand, ni le plus petit. Si on augmente la taille des emballages - le médian devient le plus petit et les autres sont augmentés d'autant - ils continuent de choisir la taille intermédiaire. Cela a bien entendu des conséquences sur la consommation qui ne sont pas négligeables.

Reste que la problématique de la réduction des emballages et la volonté de réduire le gaspillage sont parfois antinomiques. Cette question est parfois très compliquée et demande beaucoup de travail de la part des industriels, pour trouver des solutions qui soient à la fois capables de conserver le produit et de le protéger, tout en réduisant la quantité d'emballage.

Ce n'est pas simple, d'autant que les consommateurs sont tentés par les promotions qui font acheter plus. N'est-ce pas la loi du marché d'essayer de vendre plus ?

Là aussi des solutions existent. Par exemple, quand Gordon Brown était aux affaires, en Angleterre, il a interdit aux distributeurs de vendre 3 produits pour le prix de 2. Aujourd'hui, outre-manche, si le consommateur achète un produit, il peut en avoir un autre gratuit, mais un autre jour. Cela lui évite d'accumuler trop de produits périssables, qu'il ne peut consommer dans un temps limité. Et dont une partie finit à la poubelle.

Venons-en aux fameuses dates de péremption qui ont suscité la polémique il y a quelque temps. Finalement, les consommateurs savent-ils bien à quoi correspondent les différentes dates qui sont apposées sur les produits ?

Il faut éviter d'employer le terme de date de péremption, qui est un terme générique recouvrant des situations différentes. On trouve deux types de dates sur les produits, mais elles n'ont pas du tout la même fonction.

La date limite de consommation, la DLC (à consommer jusqu'au) concerne l'ultra-frais comme les produits laitiers, la viande, les légumes coupés ou les poissons en semi-conserve. Il s'agit de produits qu'il faut absolument conserver au froid car ils présentent des risques microbiologiques. Par prudence, il ne faut pas les consommer après la fameuse date, car ils pourraient avoir développé des moisissures ou des bactéries les rendant impropres à la consommation. En prévention de ces risques-là, la DLC donne un délai assez court, durant lequel les micro-organismes n'auront pas le temps, au froid, de développer ce type de problème.

La date limite d'utilisation optimale, la DLUO (à consommer de préférence avant) se trouve, elle, à la fois sur les conserves, les surgelés, les produits d'épicerie, les gâteaux, etc. Il s'agit de la date jusqu'à laquelle le fabricant, qui a réalisé des tests, garantit le même goût et la même teneur en vitamines que si le produit était frais. Au-delà de cette date, le produit reste consommable, mais il peut être moins bon au goût.

En conclusion, pour lutter contre le gaspillage...

Aujourd'hui, la valeur loisir est plus importante que la valeur cuisine. Il faut prendre conscience que la valeur de l'aliment ne réside pas dans sa seule valeur marchande. Un aliment, c'est aussi la valeur du travail effectué par l'agriculteur, par l'industriel, par ceux qui ont construit les routes pour le transporter, ceux qui ont fabriqué les frigos pour le conserver. L'aliment s'inscrit dans une chaîne de travail et d'intelligence que l'on néglige quand on le met à la poubelle. Si l'on est plus sensible à l'environnement, on peut ajouter à ces arguments, que c'est du soleil en boîte, de l'eau virtuelle, un sol occupé que l'on jette ; et les émissions de gaz à effet de serre du gaspillage alimentaire au Royaume-Uni correspondraient à 1/5 de la consommation en carburant des voitures. C'est donc aussi du carburant et de l'énergie que l'on gaspille.

Interview - Annie Soyeux

Centre d'études et de prospective du ministère de l'Agriculture, juillet 2011

Document n° 7

Question écrite (novembre 2012) de la députée Mme Sandrine Doucet et réponse (janvier 2013) du ministère de l'Agriculture, de l'Agroalimentaire et de la Forêt

Texte de la question

Mme Sandrine Doucet attire l'attention de M. le ministre de l'Agriculture, de l'Agroalimentaire et de la Forêt sur la question du gaspillage alimentaire. Alors que de nombreux Français souffrent aujourd'hui de la précarité et ont, de plus en plus, recours à l'aide alimentaire, ce sont, selon une enquête de l'ADEME, près de 90 kilos de nourriture qui sont gaspillés par an et par Français. De façon générale, c'est à une immense **gabegie** que se livrent les pays industrialisés. Un habitant sur sept ne mange pas à sa faim, alors que la production mondiale de denrées alimentaires suffirait à nourrir près de 12 milliards de personnes. Pour de simples standards d'esthétiques, de présentation, de rentabilité ou du fait de normes trop sévères, des aliments sont jetés avant même d'avoir été mis sur le marché. De la même façon, de nombreux commerces ne s'encombrent pas de nourriture au motif que leur aspect n'est plus présentable. Cette situation est paradoxale, alors qu'un nombre grandissant de Français en vient à se faire aider par les associations caritatives. Ces dernières tirent régulièrement le signal d'alarme et alertent les pouvoirs publics, sans avoir rencontré, jusqu'à présent, l'écho que mériterait cette question. Elle souhaite savoir comment le ministère de l'Agriculture entend s'emparer de cette question, afin que des systèmes de régulations soient mis en place pour que cesse cette aberration sociale, agricole et environnementale. Elle le remercie et le prie de bien vouloir la tenir informée des suites données à ce dossier.

Texte de la réponse

La politique publique de l'alimentation, conduite par le ministère chargé de l'Agriculture en lien avec l'ensemble des parties intéressées, vise à assurer à la population un accès, dans des conditions économiquement acceptables par tous, à une alimentation sûre, diversifiée, en quantité suffisante, de bonne qualité gustative et nutritionnelle, et produite dans des conditions durables. La lutte contre le gaspillage alimentaire constitue un des thèmes majeurs des actions conduites dans le cadre de cette politique publique. Le ministre de l'Agriculture, de l'Agroalimentaire et de la Forêt ainsi que le ministre délégué chargé de l'Agroalimentaire ont annoncé dans le contexte du salon international de l'alimentation en octobre 2012, l'élaboration d'un plan d'actions qui s'inscrira dans la durée et qui a pour objectifs de réduire de moitié d'ici à 2025 le gaspillage alimentaire. Un pacte national contre le gaspillage alimentaire sera signé

en juin 2013 pour marquer l'engagement de tous les acteurs de la chaîne alimentaire dans des actions visant à réduire ce gaspillage. De nombreuses actions ont déjà été mises en place sur ce sujet.
Tout d'abord, le site *gaspillagealimentaire.fr* donne des conseils utiles aux consommateurs afin de lutter contre le gaspillage alimentaire, en expliquant par exemple la différence entre la date limite de consommation et la date limite d'utilisation optimale, notions peu connues ou mal comprises des consommateurs, ce qui constitue une cause identifiée de gaspillage. Ensuite, une campagne de communication a été récemment lancée à l'intention du grand public dans le but de réduire le gaspillage alimentaire, mettant l'accent, notamment, sur la valeur des aliments et la nécessité de remplir son assiette à son juste appétit. En outre, pour améliorer la connaissance du gaspillage alimentaire en France, le ministère a fait réaliser en 2011 une étude sur les pertes et les gaspillages alimentaires existant au niveau des métiers de la remise directe de denrées au consommateur et de la restauration collective. Cette étude, disponible sur le site *alimentation.gouv.fr* vise à caractériser - qualitativement et quantitativement - le gaspillage alimentaire existant dans ces métiers et à proposer des moyens de lutte contre ce dernier. Suite à cette étude, des groupes de travail vont être mis en place en lien avec les professionnels, le ministère de l'Écologie, du Développement durable et de l'Énergie (MEDDE) et l'Agence de l'environnement et de la maîtrise de l'énergie (ADEME). Par ailleurs, afin d'augmenter la pratique du don d'entreprises agroalimentaires ou du retrait caritatif par les organisations de producteurs aux associations caritatives, le ministère a mis en place depuis fin novembre 2011 la Bourse aux dons, une plate-forme électronique pour les dons réalisés dans le domaine de l'aide alimentaire. L'objectif est d'augmenter l'autonomie des associations caritatives qui ont besoin de produits de qualité en quantité, tout en réduisant le gaspillage alimentaire. Ce site internet permet aux différents utilisateurs (associations caritatives, professionnels de l'agroalimentaire, filières agricoles amont, transporteurs...) d'échanger facilement et rapidement des offres de dons de denrées alimentaires notamment. Elle leur permet également d'accéder à des documents ressources en lien avec les dons alimentaires (réglementation hygiène, formulaire de défiscalisation, annuaires). Enfin, les différentes directions régionales de l'alimentation, de l'agriculture et de la forêt (DRAAF) participent aussi à la mise en place de chantiers d'insertion pour la récupération, le tri et la redistribution de denrées aux associations caritatives ou à la mise en place de conserveries solidaires. Ces chantiers sont actuellement en place sur sept marchés d'intérêt national, et cette démarche a vocation à être développée sur l'ensemble de notre territoire.

Question écrite n° 10 306 publiée au *JO* le 20 novembre 2012
et réponse publiée au *JO* le 1er janvier 2013

Document n° 8

Pertes et gaspillages dans le monde

Pourcentages pondérés des pertes et gaspillages alimentaires pour chaque niveau de la chaîne alimentaire.

Amérique du Nord et Océanie

	Production agricole	Opérations après récolte et stockage	Transformation et condition-nement	Distribution: supermarchés et vente au détail	Consommation
Céréales	2 %	2 %	0,5 %, 10 %	2 %	27 %
Racines et tubercules	20 %	10 %	15 %	7 %	30 %
Oléagineux et protéagineux	12 %	0 %	5 %	1 %	4 %
Fruits et légumes	20 %	4 %	2 %	12 %	28 %
Viande	3,5 %	1 %	5 %	4 %	11 %
Poissons et fruits de mer	12 %	0,5 %	6 %	9 %	33 %
Lait	3,5 %	0,5 %	1,2 %	0,5 %	15 %

Afrique subsaharienne

	Production agricole	Opérations après récolte et stockage	Transformation et condition-nement	Distribution: supermarchés et vente au détail	Consommation
Céréales	6 %	8 %	3,5 %	2 %	1 %
Racines et tubercules	14 %	18 %	15 %	5 %	2 %
Oléagineux et protéagineux	12 %	8 %	8 %	2 %	1 %
Fruits et légumes	10 %	9 %	25 %	17 %	5 %
Viande	15 %	0,7 %	5 %	7 %	2 %
Poissons et fruits de mer	5,7 %	6 %	9 %	15 %	2 %
Lait	6 %	11 %	0,1 %	10 %	0,1 %

Source : Organisation des Nations unies pour l'alimentation et l'agriculture - Rome 2012

Extraits - étude menée pour le Congrès international *Save Food*
Interpack 2011, Düsseldorf, Allemagne

CORRIGÉ DU SUJET INÉDIT N° 5 DE L' ÉPREUVE DE CAS PRATIQUE

I. Répondez en quelques lignes aux questions suivantes :

1. Définissez, en 3 lignes maximum, chacun des mots suivants :
« gabegie » (document n° 7) et « incantatoire » (document n° 4).

La gabegie est un gâchis ou un désordre résultant d'une mauvaise gestion. Dans le texte, il s'agit du gâchis que représente la nourriture non consommée.
Incantatoire : cet adjectif renvoi à l'incantation, qui est une formule magique que l'on prononce. Dans le texte, l'emploi de cet adjectif illustre le relatif scepticisme des associations face aux moyens déployés par les pouvoirs publics pour lutter contre le gaspillage alimentaire.

Pour chacune des questions 2, 3 et 4, vous répondrez en 5 lignes maximum.

2. Quelles sont les différentes dates de péremption actuellement utilisées et expliquez en quoi elles contribuent au gaspillage alimentaire ?
Ci-dessous nous vous proposons une réponse exhaustive, mais attention à respecter la limitation des 5 lignes donnée par la consigne.

La date limite de consommation (DLC) ne concerne que les produits frais devant être conservés au froid (viandes, produits laitiers...). De façon préventive, le délai est fixé de manière courte afin de ne pas favoriser le développement de micro-organismes.
La date limite d'utilisation optimale (DLUO) concerne les autres produits (conserves, gâteaux, surgelés, produits d'épicerie). Cette date est déterminée par chaque fabricant et représente le moment à partir duquel il est estimé que le goût et la teneur en vitamines peuvent différer d'un produit identique frais. Au-delà de la DLUO, le produit reste consommable.
Par un relatif excès de précaution (DLC) ou par le souhait de ne pas risquer de consommer sain mais de goût différent (DLUO), les dates de péremption peuvent favoriser le gaspillage alimentaire.

3. Quelles sont les répercussions du gaspillage alimentaire sur l'environnement ?

Sur le plan de l'environnement, les répercussions du gaspillage alimentaire s'exercent sur de nombreux plans : dépenses énergétiques superflues lors de la production et du transport, pollution résultant du traitement des emballages et des produits alimentaires non consommés.

4. L'augmentation de la production est-elle une réponse satisfaisante pour lutter contre la faim dans le monde ?

En raison du caractère limité des ressources naturelles, notamment énergétiques, et de l'augmentation continue de la population mondiale, il apparaît que l'augmentation de la production alimentaire ne peut, à elle seule, constituer une réponse satisfaisante à la fin de la faim dans le monde. La rationalisation conjointe de la production et de la consommation peut, en revanche, permettre de mieux gérer les ressources et d'éviter des gâchis très préjudiciables de nourriture.

II. Application

1. Le gaspillage alimentaire en chiffres dans l'Union européenne (UE)

Le gaspillage alimentaire total dans l'UE était, en 2013, de 89 millions de tonnes par an (soit 179 kg par habitant). Soient les informations suivantes valables en 2013.

Quelles sont les valeurs, en millions de tonnes, du gaspillage des ménages dans les cas : a, b et c ?

Détaillez vos calculs (les résultats seront arrondis à deux décimales).

a) Le gaspillage des ménages représente 42 % du total du gaspillage alimentaire.

Le gaspillage des ménages représente 42 % du total du gaspillage alimentaire, soit un gaspillage de : 89 x 0,42 = 37,38 millions de tonnes par an.

b) Si aucune mesure n'est prise, on considère que le gaspillage des ménages aura augmenté de 40 % en 2020.

Si aucune mesure n'est prise, on considère que le gaspillage des ménages aura augmenté de 40 % en 2020, soit un gaspillage de : 37,38 x 1,4 = 52,33 millions de tonnes.

c) Si des mesures sont prises, cette augmentation du gaspillage des ménages pourra être évitée à 60 %.

Si des mesures sont prises, cette augmentation du gaspillage des ménages pourra être évitée à 60 %, soit un gaspillage de : [(52,33 - 37,38) x 0,4] + 37,38 = 43,36 millions de tonnes.

2. a) À partir du document n° 8, construisez deux tableaux. Le premier reprend les données relatives à l'Amérique du Nord et l'Océanie et le second, à l'Afrique subsaharienne. Les données utiles concernent les produits suivants : « racines et tubercules », « fruits et légumes », « poissons et fruits de mer ». Ces deux tableaux doivent représenter les pourcentages pondérés (tels qu'indiqués dans le document n° 8) des pertes et gaspillages alimentaires relatifs à la production agricole, d'une part, et à la consommation, d'autre part.
Pour chacun de ces deux tableaux, vous porterez en colonnes les trois produits concernés et, en lignes, les pourcentages pondérés de pertes et gaspillages. Pour chaque produit, deux colonnes accolées représentent, l'une le pourcentage pondéré de pertes et gaspillages au niveau de la production agricole, l'autre le pourcentage pondéré de pertes et gaspillages au niveau de la consommation.

Amérique du Nord et Océanie

	Racines et tubercules		Fruits et légumes		Poissons et fruits de mer	
	Production agricole	Consommation	Production agricole	Consommation	Production agricole	Consommation
Pourcentages pondérés de pertes et de gaspillage	20 %	30 %	20 %	28 %	12 %	28 %

Afrique subsaharienne

	Racines et tubercules		Fruits et légumes		Poissons et fruits de mer	
	Production agricole	Consommation	Production agricole	Consommation	Production agricole	Consommation
Pourcentages pondérés de pertes et de gaspillage	14 %	2 %	10 %	5 %	5,7 %	2 %

b) En 5 lignes maximum, vous préciserez les enseignements que vous tirez de la comparaison de ces deux tableaux.

La comparaison des deux tableaux illustre la valorisation de la nourriture dans les pays du tiers-monde (ici l'Afrique subsaharienne) : les pertes et gaspillages sont, en valeur relative, entre 15 et 6 fois moins importants par rapport à l'Amérique du Nord et l'Océanie. Au stade de la production agricole, les pertes et gaspillages existent, mais en valeur moins importante que dans les pays développés. À cet égard, il ne faut pas non plus perdre de vue que le retard technique du tiers-monde peut également expliquer les pertes au stade de la production.

III. Rédaction

À l'aide des documents et de vos réflexions personnelles, en deux pages, vous indiquerez les enjeux du gaspillage alimentaire dans les pays développés et vous exposerez les solutions envisagées pour le limiter.

S'agissant des pays développés, les enjeux du gaspillage se posent bien évidemment sur le plan écologique. La mondialisation engendre une ouverture totale des marchés et la nourriture consommée provient très majoritairement de l'industrie agroalimentaire. Peu de consommateurs savent que, pour produire un kilogramme de maïs, il faut des centaines de litres d'eau. Que l'énergie se trouvant dans 100 grammes de steak est dérisoire face à l'énergie qu'a nécessitée sa production (consommation de céréales et d'eau, notamment) et ses coûts de transport. De récents scandales alimentaires et la parole - peu entendue - de quelques penseurs non-conformistes ne peuvent suffire à faire entendre raison face à ce lamentable gâchis. Pourtant, le monde court bel et bien à sa perte. Rappelons quelques évidences : il ne peut y avoir de croissance infinie dans un monde fini ; si le monde entier se mettait à consommer comme les Américains, cela nécessiterait les ressources naturelles de six planètes.

La problématique du gaspillage alimentaire dans les pays occidentaux ne peut être résolue que par une prise de conscience massive et impliquant une remise en cause de l'ensemble de la société de consommation. Le gaspillage, l'achat inutile et compulsif sont des ressorts essentiels et constitutifs du consumérisme. Les ménages doivent bel et bien être les premiers acteurs de ces efforts, qui pourraient être ceux voulant accorder la nature et la modernité. Cette prise de conscience serait alors suivie chez beaucoup d'un changement de vie dans ses modes de consommation. Par le choix d'un mode de vie alternatif, de nombreux ménages s'attachent à concilier une existence à la fois moderne et respectueuse de l'environnement. Outre les efforts des particuliers, on peut constater, en prenant l'exemple de la France, que l'État et les entreprises cherchent également à limiter les gaspillages.

Ainsi, l'État français pourrait mettre en place d'importantes mesures en faveur du développement durable et de la fin des gaspillages, ce qui est finalement l'expression d'un accord solide et inscrit dans la durée entre les progrès économiques et la préservation du cadre de vie. Des mesures d'incitation fiscale ou bien encore la prise en compte d'impératifs écologiques sont des illustrations de cette possible volonté d'inscrire le respect de la nature au cœur des activités agricoles et agroalimentaires.

De même, les industriels eux-mêmes s'investissent de plus en plus dans la conciliation de leurs activités avec le respect de l'environnement. Une des illustrations majeures de ce phénomène est constituée par les importants efforts de recyclage des déchets industriels et domestiques. Le verre, le plastique, le métal et le papier sont, de façon croissante, recyclés et ainsi remis en route dans le circuit de la production industrielle.

Avec peut-être parfois une volonté mercantile, les industriels de l'agroalimentaire tendent de plus en plus à valoriser la démarche écologique dans leur circuit de production. Il est ainsi certain qu'un produit « vert » se vendra mieux qu'un produit identique ne bénéficiant pas d'un tel label. Le caractère concurrentiel de l'industrie entraîne ainsi les industries agroalimentaires à s'aligner, les unes à la suite des autres, sur une démarche de production respectueuse de l'environnement.

Mais si l'on peut parfois douter de la totalité de certaines démarches, il reste indiscutable que les industries elles-mêmes cherchent à trouver un accord avec des impératifs d'ordre écologiques. Après des années d'oppositions, dans les faits et les consciences, entre le développement économique et l'écologie, il nous semble bien qu'une page est en train de se tourner. De fait, la limitation des gaspillages alimentaires est au cœur des préoccupations de beaucoup de ménages, d'industries et d'acteurs publics.

ANNEXES

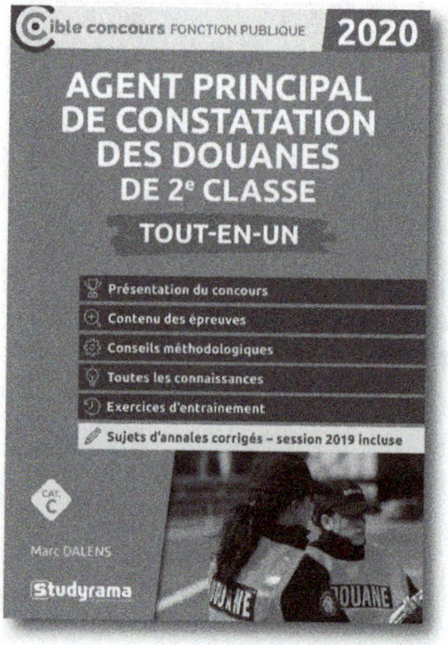

***Agent principal de constatation des douanes de 2e classe*, Marc Dalens.**

Cet ouvrage vous accompagne durant votre préparation aux **concours externe et interne d'agent principal de constatation des douanes de 2e classe**, accessibles au niveau brevet (catégorie C).

Le concours d'agent principal de constatation des douanes de 2e classe permet d'accéder à un large choix d'activités : l'investigation, le renseignement, le contrôle ou même la fonction de motard. Toutefois, ce concours, exigeant et sélectif, nécessite une solide préparation.

Outre une description détaillée du métier et du concours d'agent principal de constatation des douanes de 2e classe, ainsi que du statut de fonctionnaire et des partenaires institutionnels de la douane, ce **guide tout-en-un** vous propose :

- une **présentation précise des épreuves de pré-admissibilité** (QCM de français, mathématiques, culture générale et raisonnement logique), **admissibilité** (épreuve de cas pratique) et **admission** (entretien avec le jury, épreuves physiques) ;
- des **conseils méthodologiques** pour préparer efficacement chacune des épreuves écrites et orales ;
- de **nombreux exercices d'entraînement** et des **sujets d'annales corrigés récents** pour vous former en situation de concours.

***Annales corrigées agent principal de constatation des douanes de 2e classe*, Marc Dalens.**

Cet ouvrage accompagne les candidats préparant le **concours d'agent principal de constatation des douanes de 2e classe**, accessible dès le niveau brevet.

Ce manuel vous aide à préparer toutes les épreuves du concours, qu'il s'agisse du concours externe ou du concours interne.

Outre une **présentation détaillée du métier et du concours d'agent principal de constatation des douanes de 2e classe**, ce guide vous propose les **sujets corrigés des dernières sessions du concours** pour chacune des épreuves de pré-admissibilité et d'admissibilité : QCM de français, mathématiques, culture générale et raisonnement logique ; rédaction de cas pratique.

Chaque sujet est accompagné d'un corrigé détaillé vous permettant de réviser l'essentiel des connaissances et de vous évaluer dans les conditions du concours.

***Concours douanes – Tout pour l'oral,* Marc Dalens.**

Indispensable, cet ouvrage a pour objectif de vous préparer aux **épreuves orales des concours de :**

- **agent de constatation** des douanes ;
- **contrôleur** des douanes ;
- **inspecteur** des douanes.

Ce guide contient :

- une présentation détaillée des **métiers** et de **l'environnement professionnel** ;
- des conseils pour **gagner en assurance à l'oral** et faire la différence par rapport aux autres candidats ;
- un entraînement pour vous aider à **décrire votre parcours** et **exprimer vos motivations** ;
- des exercices corrigés pour apprendre à **répondre efficacement aux questions du jury**.

***Tests d'aptitudes, psychotechniques et de personnalité*, Marc Dalens.**

Cet ouvrage s'adresse aux candidats préparant les **concours de recrutement de la police, de la gendarmerie, de l'armée, de l'administration pénitentiaire, des douanes et des finances publiques**.

Ces concours sont de plus en plus nombreux à proposer une épreuve de tests de sélection, qui est souvent redoutée par la plupart des candidats.

Ce guide propose une présentation détaillée des différents types de tests d'aptitudes, psychotechniques et de personnalité (ou inventaires de personnalité) qui s'avèrent très variés et avec les exigences desquels vous devez être parfaitement familiarisé. Des rappels de cours et de nombreux exercices corrigés vous permettent de consolider vos connaissances en français, mathématiques et raisonnement logique, mais aussi de préparer efficacement l'épreuve afin de pouvoir l'affronter en toute sérénité.

Les tests de personnalité font l'objet d'une présentation détaillée et des conseils pratiques vous sont donnés afin d'appréhender le mieux possible ces tests.

Des exercices d'entraînement, de difficulté croissante et chronométrés, vous aideront à être fin prêt pour le jour J.

34/38, rue Camille-Pelletan - 92309 Levallois-Perret cedex
Imprimerie La Sepec - 01960 Péronnas - N10803200318
Imprimé en France - 2e trimestre 2020

Service éditorial : Charlotte Debroise, Benjamin Dias Pereira, Joanna Lebailly, Deborah Lopez
Conception graphique : Catherine Aubin

Dépôt légal à parution
ISBN 978-2-7590-4421-4

PEFC 10-31-3532 / Certifié PEFC / Ce produit est issu de forêts gérées durablement et de sources contrôlées. / pefc-france.org